上海地情普及系列丛书·服务"五个新城"建设
上海市地方志办公室　主编　上海通志馆　承编

走进嘉定

刘效红 ——— 编著

上海人民出版社　学林出版社

"上海地情普及系列丛书"编委会

名誉主任　王荣华

主　　任　洪民荣

副 主 任　姜复生

编　　委　吴一峻　唐长国　黄文雷

（按姓氏笔画为序）

"上海地情普及系列丛书"编辑部

主　　编　吴一峻

副 主 编　吕志伟　杨　杨

承编单位　上海通志馆

总　序

今年是上海市地方志办公室、上海通志馆推出"上海地情普及系列丛书"的第四年。第四辑聚焦嘉定、青浦、松江、奉贤和浦东新区五个区，以《走进嘉定》《走进青浦》《走进松江》《走进奉贤》《走进南汇》为题，服务上海"五个新城"发展，我感到很有意义、很有价值。这充分体现了地方志系统围绕大局、服务中心，积极用好地方志资源，发挥存史、育人、资政职能的主动追求。

2017年国务院批复的《上海市城市总体规划（2017—2035）》明确提出：将位于重要区域廊道上、发展基础较好的嘉定、松江、青浦、奉贤、南汇等新城，培育成在长三角城市群中具有辐射带动作用的综合性节点城市。2021年1月，"五个新城"首次写入市政府工作报告，明确将以五个新城建设为发力点，优化市域空间格局。2021年3月，上海市政府发布的《关于本市"十四五"加快推进新城规划建设工作的实施意见》明确：至2035年，嘉定、青浦、松江、奉贤和南汇5个新城各集聚100万左右常住人口，基本建成长三角地区具有辐射带动作用的综合性节点城市。至2025年，5个新城常住人口总规模达360万左右，新城所在区的GDP总量达到1.1万亿元，新城基本形成独立的城市功能，在长三角城市网络中初步具备综合性节点城市的地位。

加快建设"五个新城",是上海积极谋划长远发展的一个重大战略布局,是上海积极落实长三角一体化发展的一个重要举措,也是历史赋予嘉定、青浦、松江、奉贤、南汇五个区域的光荣使命和发展契机。这五个地区地理位置独特、文化底蕴深厚、发展历史悠久、经济基础扎实、特色特点显著。因此,要了解这五个新城,就必须认识它们所在的区域,了解这些区域的发展历史、发展过程、发展特点、发展现状,了解这些区域的人文、自然、社会、文化和经济等方方面面。我想,这也应是"上海地情普及系列丛书"今年这一辑选题的初衷和用意。

从这一辑丛书中,我们可以读到上海的历史和发端,比如上海之根、上海之源;可以读到上海丰富的历史遗产和优秀传统,比如农业技术、"贤文化"乃至珍贵的四鳃鲈鱼;可以读到上海发展历史中众多具有标志性、里程碑意义的"第一",比如上海最早的"卫星城"建设、出口加工区建设;可以读到改革开放特别是新时代以来的上海无数创新成果,比如"科创走廊""东方美谷",特别是临港片区发展,等等。这些内容不仅仅是关于这些地区的,同样代表着上海的历史与发展,集中体现了上海"开放、创新、包容"的城市品格。

"上海地情普及系列丛书"出版以来,坚持以地方志资料为基础,致力于大家写"小书"、专家写普及读物,致力于精心设计和打造。例如,第一辑聚焦"源",第二辑选取"点",第三辑侧重"条",第四辑突出"块",从不同角度比较全面地介绍了上海发展的历史和特色。第四辑丛书仍然采取了专家学者撰写的方式，内容丰富、叙述简洁，读起来通俗易懂。这些工作都是地方志机构和地方志工作者在承担繁重的修志编鉴工作基础上开展的，难能可贵。同时，出版社也给予了大力帮助和支持。地方志普及和开发利用，确实是需要全社会广泛关注和共同努力的。

总之，我觉得，这一辑"上海地情普及系列丛书"是上海市地方志办公室、上海通志馆奉献给广大市民群众和青少年的又一套生动活泼的爱国、爱乡和"四史"教育的好教材，值得一读，值得推荐。

此为序。

上海市第十届政协副主席
国家教材委员会专家委员
上海市教育发展基金会理事长

目录

总序 1

嘉定八百年 1

嘉定新城　江南古韵 11
　　武举出在徐家行　13
　　时光里的古老技艺　16
　　走出疁城的外交官　32
　　《围城》中的嘉定人　38
　　她是嘉定第一位共产党员　40
　　补阙亭上志国耻　43
　　嘉定第一个党支部在这里建立　45

人间烟火味　最抚凡人心 49
　　小小南翔赛苏城　51

人间滋味在娄塘　56

嘉定美酒郁金香　61

江南吐鲁番里结水晶　64

菜中"君子"——罗汉菜　66

"中华国宝"在嘉定　68

幸福就在家门口　71

"老地标"成为"新网红"　73

风景在"路"上，幸福在心里　83

"最美人工湖"——远香湖　96

"上海颜值最高的图书馆"——嘉定图书馆　99

"不关门的剧场"——上海保利大剧院　102

F1赛车场：车轮上的视觉饕餮　107

智慧医院建设：守护生命，以爱为名　110

教化嘉定：办学精神之树结出硕果　113

守正创新　有"融"乃强　117

"家"定新城　119

国际汽车城：人车城的完美融合　124

新城里的"中国芯"　130

我嘉·邻里中心　135

智慧汽车激起"一池春水"　140

嘉定氢能港扬帆起航　143

嘉定"亚洲一号"：你的快递从这里发出　149

出发，驶向未来！　152

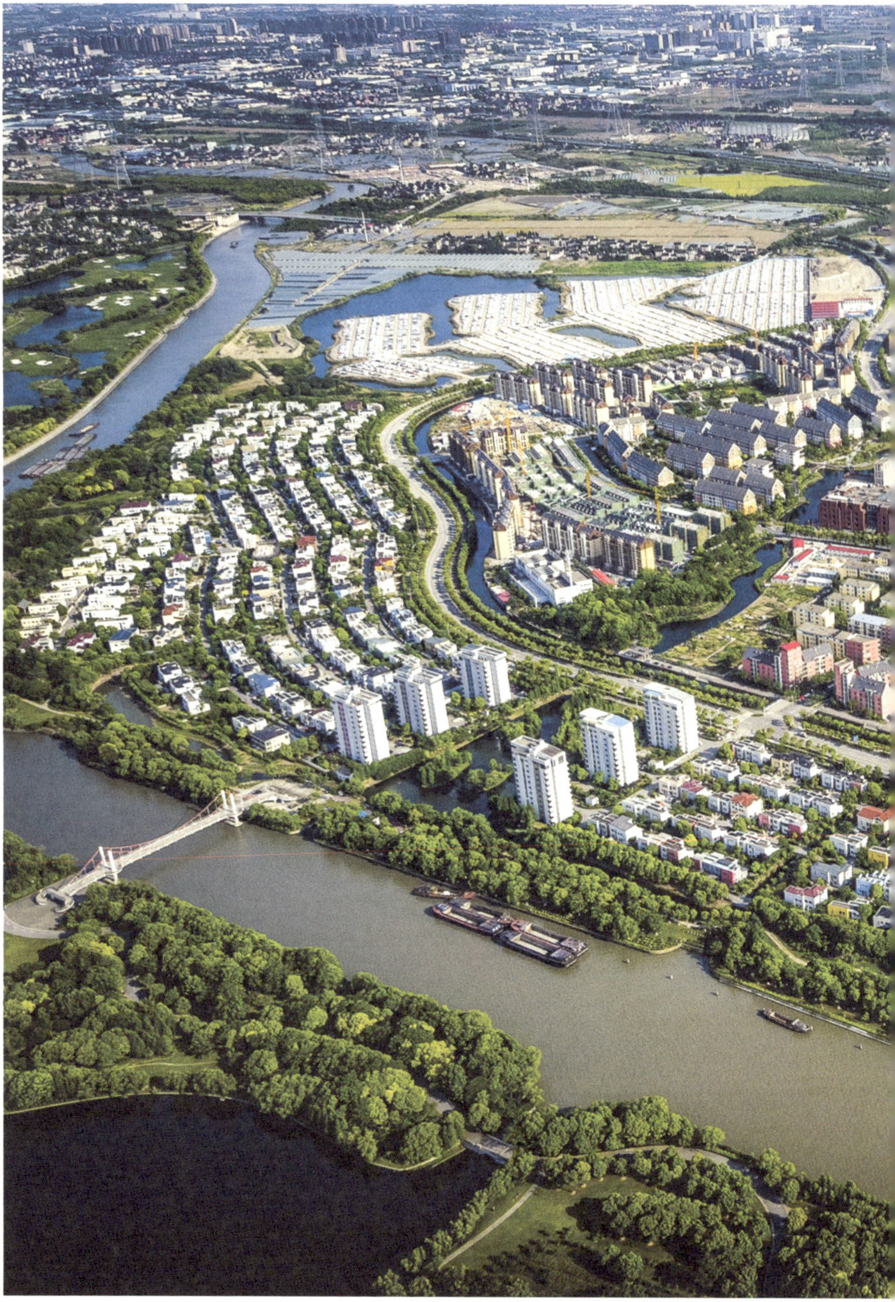

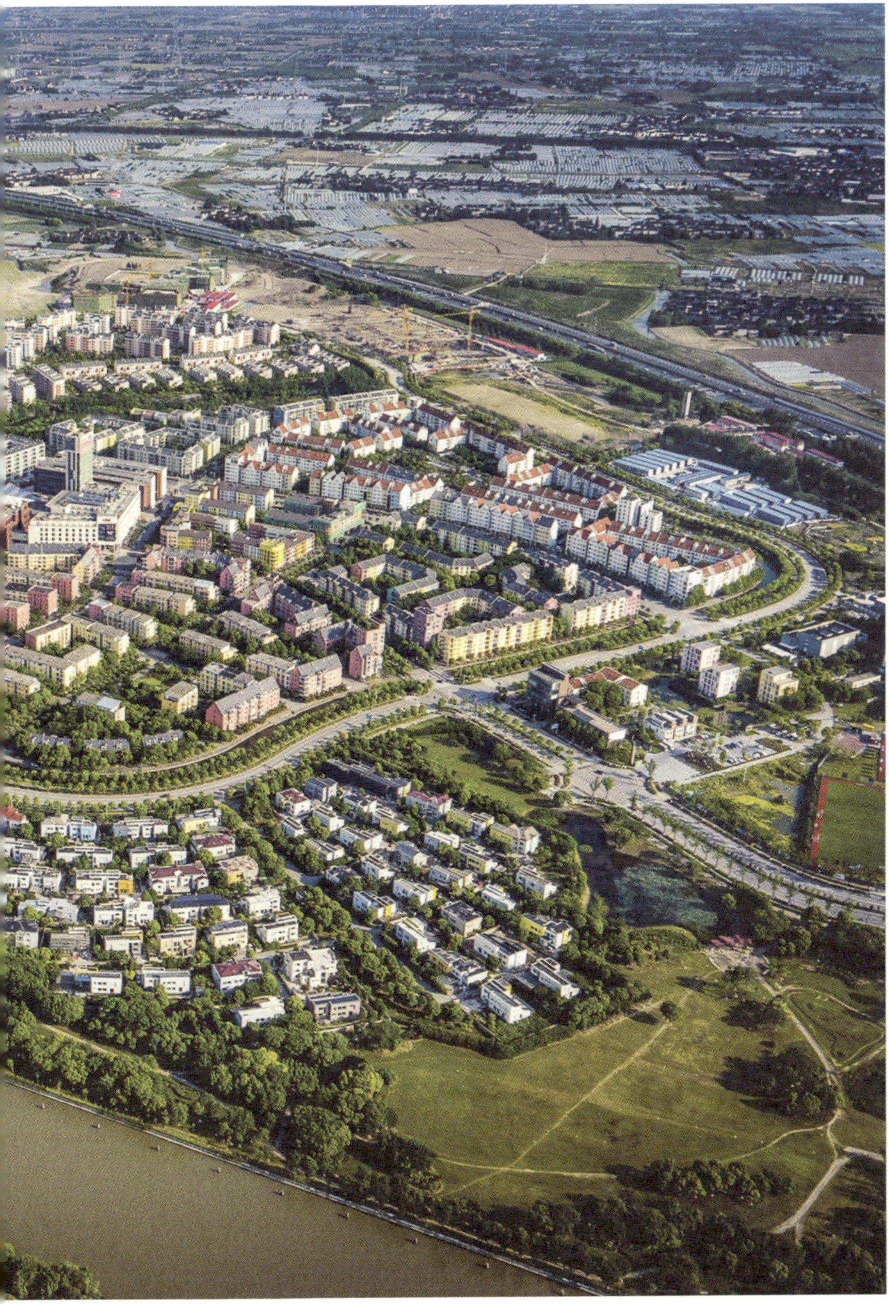

嘉定八百年

历久·弥新

嘉定是一座古老的城区，位于长江三角洲的前缘，长江口南岸，上海市西北端。东与市区和宝山区毗邻，南隔吴淞江与青浦区和现闵行区相望，西面和北面跟江苏省的昆山市和太仓市接壤。嘉定县始建于南宋嘉定十年（公元1217年），以年号命名，为嘉定。建县之前，嘉定地区一直隶属于昆山县。公元1217年，奉旨将昆山县东部以疁城乡为中心，地势低洼、疁草丛生的五个乡划建嘉定县，所以嘉定又被称为疁城。

宋、元是嘉定经济的基础开发期，作为滨海之地和冲积平原，旧时嘉定的经济发展离不开海洋和土地两大资源优势，形成了以盐业、渔业和海运为主的产业结构。嘉定的海洋捕捞业曾经兴盛一时，海运一度活跃继安亭、练祁、南翔之后，江湾、顾泾、黄姚、清浦、钱门塘等一批市镇随之兴起，境内的刘家港被称为"六国码头"，明代永乐年间，郑和七下西洋，都由刘家港出海，这对嘉定产生过重大影响。元代设市舶提举司于黄渡，使嘉定成为管理内外航运和贸易的重镇。

嘉定先民经过两千多年的奋斗，终于把这片沮洳泽国改造成为沃土良田，农田水利的兴修使嘉定地区的农田结构发生了很大的变化，嘉定沿海一带的旱田大都已被改造成水田。"民间种稻者十分而九"，形成了稻占九、其他作物占一的产业结构。到了明朝初期，嘉定境内河道干涸，水车也难以实现灌溉，因此种植业由十田九稻改为十田九棉，嘉定由此成为淞北地区棉花生产和棉布的贸易中心。棉花及棉纺业的繁荣促进了嘉定商品经济的发展，以苏州为中心的长江三角洲地区，其经济发展的速度和经济总量遥遥领先于全国府州，而嘉定名列苏州府所属七县前茅。嘉定完成了农耕社会时期的产业转型，成为长三角一颗璀璨的明珠。另外，嘉定蚕农广泛地植桑养蚕，嘉定曾一度成为江南重要的产丝基地。至清初，朝廷开始采取更加严厉的海禁政策，严密封锁东海吴淞口，片帆不得下海，嘉定大有希望的海外贸易被迫中断，失去了与世界沟通交流的绝佳机遇。

随着清末上海的开埠，洋纱洋布逐步充斥市场。嘉定以开埠为契机，调整农业结构，继续保持商品经济的发展势头。在种植业方面，扩种供出口的红葱、大蒜、香料、稻米和蔬菜等城市不可须臾或缺的主副食品以及绿化城市的苗木和花卉；手工业方面，发展内外市场需要的毛巾、黄草织品和竹制品。

随着铁路、公路的通车和内河小火轮的通航，"缩短"了沪嘉之间的距离。1935年上海电力输送至嘉定，为嘉定现代工业的发展创造了条件，这为近郊的嘉定县提供了发展棉纺、粮油加工工业的机会。尤其是从1927年至1937年，诞生了诸如嘉丰棉纺厂等一批现代化工厂企业，还涌现了印有模、吴蕴初、胡厥文等一批优秀的实业家。

嘉定是一座具有进取精神的创新之城。建城伊始，它就寻求发展空间的无限可能。新中国成立后，嘉定在党的领导下，经土地改革和农村合作化，对资本主义工商业进行社会主义改造，实现了生产资料从私有制到公有制的平稳过渡，开始向社会主义工业化迈进。1958年，嘉定从江苏划归上海，迎来了重要的发展机遇，并始规划建设以科研、教育、生产相结合"嘉定科学卫星城"和"安亭汽车卫星城"。当时，嘉定有一批能为国家提供高、精、尖产品的科研单位和工厂企业。汽车产业也在这里播下了最初的种子。而后，又有一批大中型科研机构和工厂企业入驻嘉定，为嘉定经济植入了强劲的动力。之后，嘉定又开办了一批镇、村工业，逐步形成了市、县、镇、村4级完整的工业体系，夯实了嘉定的经济基础，经济效益领跑沪郊。

十一届三中全会后，嘉定的产业布局初步体现出自身特色。进入20世纪80年代后，沐浴着改革开放的春风，全国各地兴起发展乡镇企业的热潮。嘉定迅速做出抓住机遇、乘势而上的决策部署，利用紧邻中心城区、城乡联合的有利条件大力发展乡镇企业，从而成就了县域工业经济的"半壁江山"。1989年和1990年，嘉定县财政收入连续两年居于全国各县（市）之首，两度荣获"全国首富县"的殊荣，基本奠定了上海产业重地、工业大区的地位。

进入新世纪，嘉定向城市化快速迈进，城市规模空前扩张，道路四通八达，轨交进入城市，私家车普及到寻常人家。南部建成了嘉定新城，北部崛起了工业园区，西部由安亭汽车卫星城发展成融研发生产和汽车文化于一体的汽车城。在科学卫星城的基础上，打造上海科创中心重要承载区，创造环境、孵化项目、造就人才、提升能级。嘉定良好的投资环境还吸引了一批国内外著名企业落地，以汽车为代表的先进制造业和以医疗装备为代表的高新技术产业逐步成为新的地方产业特色，区域经济实力大幅提升。勤劳、智慧的嘉定人正在实现产业的创造性转化，一个现代化新型城市已经展现在我们面前。

嘉定新城破茧而出

1992年撤县建区以来，随着社会主义市场经济体制的建立和上海国际汽车城的开发建设，嘉定的开放活力和经济实力更进一步得到提升。在此期间，嘉定始终走在改革开放前列，不断加大产业结构调整力度，引导企业转型升级，非公有制经济迅速发展，外资企业不断引进，特色产业集群基本形成，使嘉定拥有了以汽车整车及零部件为主体的支柱产业，打造了门类较为齐全、布局日趋合理、技术水平稳步提高的产业体系。在上海的整体产业布局中，嘉定成为名副其实的"国际汽车城"。嘉定也培育出了大量实体型、科技型的"小巨人"企业。连续多年工业经济近30%的年增长率，印证了嘉定产业的繁荣发展。

2004—2005年，以上海市政府批复嘉定新的城市功能定位为契机，嘉定决定建成以现代服务业、世界级体育休闲产业和高科技产业为核心的现代化城市。嘉定新城位于上海市西北区域，地处长三角圆心地带，依傍大虹桥国际枢纽，是连接江浙沪的重要门户。嘉定新城规划占地面积220平方公里，规划人口80万—100万，分为主城区和安亭、南翔3个组团。其中，嘉定新城主城区大致范围为北起绕城森林、南至蕰藻浜、东起翔浏公路、西至嘉松北路，约120平方公里（其中城市建设用地约80平方公里，生态文化园区和绕城森林约40平方公里），规划总人口50万—60万人。区分为F1体育休闲区、南部城区、生态文化园区、北部城区（包括嘉定老城）、都市产业区和绕城森林等六个分区。主城区是嘉定新城城市核心功能的空间载体，是嘉定区的政治、经济、文化中心，也是嘉定区以现代服务业为主体的第三产业发展高地。

在行政区域上，嘉定新城中心区规划涉及现马陆镇、安亭镇和嘉定工业区，大致位于嘉定新城主城区南部，东临市级都市工业园区、西接上海国际赛车场及其配套区。具体范围为东至沪嘉高速公路（S5，原A12）、南至宝安公路、西至漳浦河、北至郊区环线（G1501上海绕城高速，原A30公路），总用地面积17.234平方公里。嘉定新城中心区将立足长三角，依托上海和嘉定的综合优势，优先发展附加值高、辐射能力强的现代服务业。中心区还将以汽车产业为核心，重点培育以大型制造业、企业营销、研发和行政总部集聚地为特征的总部经济，着力促进体育运动业、旅游业、房地产业、商贸物流业、中介服务业、广告业以及文化教育业同步发展，形成具有鲜明特色的第三产业高地，使嘉定新城中心区成为具有较强凝聚力、辐射力和综合实力，从而形成资金流、物流、信息流、科技流、人才流的集聚，充分凸显产城结合、和谐发展、时尚高雅的组合型的现代化新城中心区。

近年来，嘉定正围绕率先建成科创中心重要承载区，以现代服务业、世界级体育休闲产业和高科技产业为核心，建设具有独特人文魅力和城市特色、强大的集聚力和持续的创新力的上海都市圈区域性核心城市。而今，嘉定已基本建成"功能独立完善、创新创业创效、城乡一体发展、生态环境优美、社会文明有序、宜居宜业宜人"的现代化新型城市，已建成"千米一湖，百米一林，河湖相串，荷香满城"的生态景观体系，绿化覆盖率达40%，是一个典型的"城市里的花园、花园里的城市"，还曾荣获"中国最佳生态宜居城市""中国人居环境范例奖"等荣誉。S5、S6、G15、G1503以及嘉闵高架从嘉定穿行而过，轨道交通11号线在嘉定地区设有3个站点，另外还有嘉闵线、宝嘉线正在规划建设中。从嘉定驾车至上海虹桥枢纽仅需15分钟。

新城规划建设还包括幼小中高各阶段学校33所学校，其中中福会嘉定新城幼儿园、上海民办华二初级中学、上海交通大学附属中学嘉定分校等教育质量在全市名列前茅。

新城内中西医医疗资源丰富，拥有3家三级甲等医院——瑞金医院北院、瑞金医院肿瘤质子中心和在建中的上海中医医院。新城远香湖景观带区域，坐落着上海保利大剧院、嘉定图书馆和嘉定文化馆，三座建筑物遥相呼应，成为城市的一处美景。上海保利大剧院位于嘉定新城远香湖畔，它是国内首家拥有水景剧场的剧院，由1995年普利兹克建筑大奖得主、日本建筑师安藤忠雄担当主创设计师，历时五年建成，剧院室内外的景观区别分明但又衔接自然，是一个"让市民可以亲密接触的专业剧院"。嘉定图书馆沿袭江南书院风格建筑，屋顶形似打开的书籍，被美国权威设计杂志评选为"全球最佳公共图书馆"。嘉定区文化馆是国家一级文化馆，是一栋传统江南院落式建筑组合，馆舍总建筑面积10000平方米，建筑将传统的民居灰瓦与时尚的玻璃幕墙相融合，透露出淡雅的人文气质。馆内拥有剧场、展示厅、排练厅、艺术教室、多功能厅、录音棚、琴房以及书法、美术、摄影工作室等。目前，已经拥有一批诸如"百姓大舞台""百姓大展台""百姓讲座""百姓巡演"等深受市民欢迎的知名文化品牌。

在政策方面，嘉定新城对创业人才、领军人才和专业人才可提供住房补贴、就医、就学绿色通道等一站式服务；对企业高管可给予优先解决上海户籍、返税奖励等政策支持；企业落户时，可按照"一企一策"给予优惠政策扶持或不同比例地方财力奖励；对企业技术研发投入以及高新技术企业的评定等，可提供一揽子全方位的区级政策扶持及上级政策申报服务。

作为上海重点建设的郊区新城，经过十余载耕耘，嘉定新城已成为上海科创中心重要承载区的特色功能区，在《上海市城市总体规划》（2017—2035年）中明确定位为市级城市副中心，是上海面向长三角城市群的重要节点城区。嘉定致力于产业结构调整优化，力推产业精准转型，城市精美成长，以求在新一轮科技革命与产业变革中实现弯道超车。同时，嘉定新城注重发挥科研资源丰富、产业化空间大、产业链配套、现代服务业发达的区域比较优势，加快特色化、差异化发展，形成了结构清晰合理、具有强大支撑力的现代产业体系。几年来，结合"F1"建设嘉定新城的核心区，嘉定不仅重点打造了新能源汽车、智慧交通、战略性新兴产业、电子商务、创投基金4个千亿级产业集群，构建出上海郊区现代服务业的高地，同时大举发展了以汽车特强产业为主体的高端制造业。此外，以半导体芯片、物联网、高端医疗装备、智能机器人为代表的高新技术产业蓬勃兴起，高品质的生活性服务业崭露头角，将嘉定打造为文化之都、时尚之城，培育出"动静相宜""古老与现代交融"的城市气质，一个有现代产业支撑的现代化新型城市呼之欲出。

一座城有一座城的精神，一座城的品格，远看是传统，近看是生活。而嘉定绵延800年的崇礼重教传统，既是一种昭示于孔庙"仰高""兴贤""育才"牌坊之上的信念、信仰，更是镌刻在所有嘉定人心中的文化自觉的精神。疁城里的人们无论是在书香氤氲的图书馆还是在纵享速度与激情的赛车场，无论是漫步于古老的法华塔内，还是奔跑于酷炫与智慧并存的远香湖畔，都能从不同视角去感知这座城的文化脉动。

在现代社会，人的素质直接影响整个城市的文化品格，嘉定特色发展之路主要体现在聚焦五"精"上，即产业精准转型、城市精美成长、民生精细服务、生态经秀怡人、干部精神振奋。这些都离不开人，所以，教育必然成为人们提升生活品质和发展成功的基本途径；学习必然成为现代城市不可缺少的组层部分。品质嘉定、品质教育的未来可期。

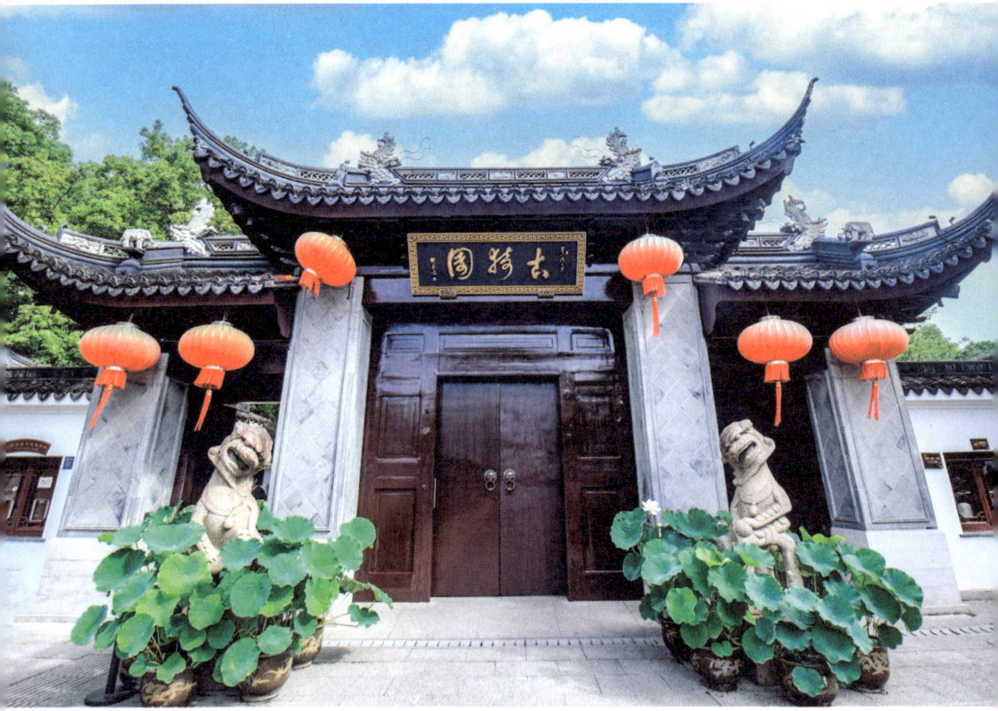
古猗園

嘉定新城 江南古韵

武举出在徐家行
时光里的古老技艺
走出疁城的外交官
《围城》中的嘉定人
她是嘉定第一位共产党员
补阙亭上志国耻
嘉定第一个党支部在这里建立

武举出在徐家行

历史上,就有"金罗店,银南翔。铜真如,铁大场。教化嘉定食娄塘,武举出在徐家行"一说。徐行镇位于嘉定区境东北部,是江南著名的草编之乡,过去居住在此的农民家家户户都种黄草,主要副业是草织。明清时期,徐行的黄草拖鞋闻名全国。

清代,在徐行镇往北3里地的新泾河以西、田浜河以南处,有

嘉定武术馆

一个村名叫胡家厅（现为钱桥村），全村有十多家农户，其中木匠较多。有一农民杜福良，身体强壮、力大无比，在家中设有练武场所，还备有战马和冷兵器。每到练武时节，四方大力士都会聚集在徐行胡家厅。当年的演武场上，刀枪剑戟虎虎生风，拳脚声、呐喊声响彻四方，场面十分壮观。清朝光绪年间，嘉定举行武秀才考试，徐行武术大家杜福良去应试，一举考中了武秀才，曾任清嘉定县府公差。之后，"武举出在徐家行"的话逐渐流传开了。

为了将徐行的武术精神发扬光大，1998年时，喜欢武术的嘉定民营企业家徐根明在徐行镇（古称徐家行）投资建造嘉定武术馆，曾被称誉一时。是年9月，嘉定武术学校建立。之后在徐行镇党委、政府和中国武术博物馆的支持下，嘉定武校又开创并完成了全国首家武科举博物馆。如今该馆已被市委宣传部等命名为科普教育基地。

徐行武术活动

时光里的古老技艺

嘉定素称"江南历史文化名城"。舟楫津渡之利,拓展了嘉定包容通变的襟怀。江海骋望之胜,涵育了嘉定激浊扬清的性情;河川风物之美,养成了嘉定朴厚淳良的底蕴。嘉定拥有丰富多彩的文化遗产,据统计,嘉定共有近五十余个非物质文化遗产项目。这些承载着岁月的非物质文化遗产,是传统文化的重要组成部分,也是我国上百年甚至上千年文化艺术精髓的体现。它们曾经惊艳了我们的时光,了解它们的历史、现在和未来,是一次真正意义上的传统文化寻根之旅。

嘉定竹刻

嘉定竹刻有近 500 年的悠久历史,是第一批国家级非物质文化遗产,具有深厚的文化内涵和高度的审美价值。嘉定竹人以刀代笔,以竹子为载体,将书、画、诗、文、印多种艺术融为一体,赋予竹子新的生命。嘉定竹刻的样式有以竹筒和竹片制成的笔筒、插屏等,还有以竹根刻成的人物、山水、草木、走兽等。嘉定竹刻含浅刻、深刻、薄地阳文、浅浮雕、深浮雕、透雕、圆刻等十余种基本技法,有明显

竹刻博物馆

的地域性和鲜明的原创性。

  竹刻艺术至明朝中期趋于成熟，嘉定是当时最主要的竹刻中心。当时，江南竹刻工艺的发展形成了各具特色的两大派：一是"金陵派"，二是"嘉定派"，以"嘉定派"更为繁荣。嘉定派的创始人朱鹤原是一位善于诗文书画的人，他在制作中能以笔法运刀法，勇于创新，以书法艺术融入竹刻，以刀代笔开创了以透雕、深雕为特征的深刻技法，为他人所不及。他的传世作品不多，香筒及"松鹤笔筒"等被认定为第一批国家级非物质文化遗产。

  朱鹤之后，其子朱缨、其孙朱稚征都继承此业。朱缨的作品构思奇巧，刀法精妙，代表作有"刘阮入天台香筒"，与其父朱鹤相比，朱缨的刀法更为丰富，作品品种更为齐全，有笔筒、竹盒、罗汉念珠、圆雕蟾蜍等等。世人对朱缨之子朱稚征的作品评价很高,他的作品间接精雅,古朴淳厚,刀工更加神妙,所刻制的人物、山水、草虫、禽鸟,刀法精湛,无不精妙绝伦,具有新鲜灵动之感,传世之作有"饮中八仙笔筒""清溪泛舟笔筒"等等。

经过朱氏三代的开创打造,嘉定竹刻的风格已经基本确立。后来,嘉定竹刻名家辈出,如明代的秦一爵、沈大生、侯崤曾,清代的封颖谷、时大经、张学海,等等。嘉定竹刻极盛一时。

刘阮入天台香筒　　　　竹刻笔筒

徐行草编

草编,是以草本植物为主要原材料的一种传统手工工艺,距今已有几千年,各地的能工巧匠因地制宜,因材施艺,充分利用各种柔韧草本植物,总结出编、结、辫、扣、扎、绞、缠、网、串、盘等丰富的编结技法。草编,作为在中国民间十分普及的一种传统手工艺,有着广泛的群众基础,是中国广大民众日常生活用品的一个重要来源,具有很强的实用性和艺术性。

徐行草编是这一传统民间编结手工艺的典型代表之一,主要流行于上海市嘉定区徐行镇。徐行是江南地区著名的草编之乡,徐行草编有千余年的悠久历史。早在一千多年前的唐代,黄草编制品已成为朝廷贡品之一。到了清代,徐行编制的嘉定黄草拖鞋已远销欧亚各国。1914年时,意大利斯曲罗斯洋行聘请嘉定徐行人汪季和、朱石麟为代理人,向徐行农民收购黄草织品,转销东南亚和欧美各地。从此,徐行黄草织品开始走出国门,走向国际市场。1953年,李月琴设计并编织的和平鸽图案拖鞋在民主德国举办的莱比锡国际博览会上荣获艺术奖章。1956年,徐行草编工艺艺人出席中国工艺美术艺术代表大会,受到党和国家领导人的接见。随着徐行草编影响力的逐渐扩大和艺术内涵的不断提高,1994年,徐行镇被中华人民共和国文化部命名为"中国民间艺术之乡",2008年,徐行草编被列入国家级非物质文化遗产名录。

徐行草编制品有上千个品种，色彩丰富，样式美观

　　徐行黄草质地光滑坚韧，色泽淡雅，用它编织出的工艺品纹理清晰，细密匀称，松紧有度，平整光洁，染色或缀以鲜艳的花纹图案后更显精致美观。徐行草编制品有拖鞋、拎包、果盆、杯套、盆垫等二十大类上千个品种，色彩丰富，样式美观，使用轻巧方便，地方特色鲜明，乡土气息浓郁。现在，黄草由野生改为人工培育，用于草编，质量更佳。徐行草编采用纯手工制作，编织时要花费大量的时间，无法形成规模化的生产，经济效益不高，难以抵御现代市场经济的冲击。目前，徐行以草编为生的手工艺人已是凤毛麟角，仅有少数农村妇女利用闲暇编织一些草鞋、提包零星销售。此外，城市建设的发展使得大片黄草迅速消失，导致徐行草编原材料日趋匮乏。在此情势下，积极而全面地保护徐行草编技艺的传承发展已成为一项刻不容缓的工作。

江南丝竹

丝竹,在"八音"之列,是中国传统乐器之一,据记载,先秦时期丝竹即已成为歌舞伴奏乐器。隋唐时期,丝竹与钟磬等乐器配合,成为宫廷音乐的重要乐器。宋代,丝竹又称细乐,与大乐相对,与箫、笙、筚篥、方响等组成小合奏,音韵清美,清细轻雅。明清以来,多与琵琶、弦子、月琴、檀板合动而歌。崇祯末年,又创新合称为十番鼓。乐器不断丰富,曲目不断扩充,表现力不断加强。江南丝竹是以是弦乐器和竹管乐器为基本编制的中国传统器乐合奏形式,流行于苏浙沪地区。江南丝竹旋律优美,风格清新流畅。高音悠扬清远,低音含蓄婉转,音色醇厚圆润,常用打音、倚音、赠音、震音、颤音等技巧润饰旋律。2006年6月,江南丝竹被列入第一批国家级非物资文化遗产代表性名录,由上海群众艺术馆作为项目保护单位。

嘉定地区的江南丝竹以其自身的特色成为本地区的重要乐种之一。江南丝竹音乐是民间音乐爱好者自愿结集的乐队,演奏具有浓郁地方特色和乡土气息的音乐,反映了江南人民温柔优雅的性格,抒发了他们对家乡山清水秀景色的赞美,人们在劳作之余合奏丝竹乐,成为一种涵养性情、荡涤邪秽的高雅艺术活动。长期以来,对这种用丝弦乐器和竹制乐器演奏的音乐,群众对其称呼也各不相同。嘉定镇以南各乡镇大都称之为"丝竹";以北称之为为"清音"。老一代丝竹音乐爱好者十分注重丝竹音乐的风格特色,演奏的曲调十分讲究情绪和丝竹韵味，力求柔和流畅，婉转典雅。江南丝竹的演奏曲目既有《行街》《阳八曲》等传统丝竹佳作，也不乏《御风》《江南情韵》《玉芙蓉》等充满浓郁江南韵味的民乐新曲。上海市江南丝竹项目代表性传承人、上海音乐学院教授成海华认为，江南丝竹的生命力在于不断创新，"我们既要把古老的江南丝竹传承下来，保留它的韵味，也要通过创新，符合现代人的审美"。

小青龙舞龙会

龙是中国传统的吉祥物，嘉定人民为了寄托对美好生活的向往，兴起了在元宵节期间小青龙舞龙会的传统。小青龙舞龙会起源于清末时期嘉定区肖家宅（今菊园地区）一带，盛行于民国时期，至今已有百余年的历史，当地人们在元宵节前后进行舞会，历时一个礼拜左右，结束于农历正月二十之前，舞龙时间以夜晚为主。元宵佳节期间，嘉定当地的街巷张灯结彩，龙灯游街串巷，敲锣打鼓，鞭炮齐燃，热闹非凡，年味十足。老百姓祈盼着热热闹闹的小青龙舞龙会能驱走晦气，祈祷龙的保佑，祈盼新一年的风调雨顺，五谷丰登，家和万事兴。

小青龙舞龙会主要由扎龙和舞龙两个环节组成。在扎龙方面，属纯手工制作，主要涉及篾竹编制的手艺，工艺精巧。小青龙的骨架由竹篾制成，全长约10米，一共8节，其中1节龙头，1节龙尾，6节龙身，每节下面装有一个手柄，每个龙身间隔约1.5米，中间用青布连接。龙身上置黄布，内置蜡烛，龙头较大，龙嘴边留着龙须，并口

老百姓祈盼着热热闹闹的小青龙舞龙会能驱走晦气，祈祷龙的保佑

含一颗夜明珠，舌头上写着小青龙的字样，嘴巴的下颚斜度较大。

　　舞龙当天，会以旌旗、锣鼓、号角为前导，由法师将龙身从伏龙庵中请出来，接上龙头龙尾，举行点睛仪式。舞龙的技巧也是一门学问。舞龙队伍通常需要7名年轻小伙子组成，同时会有敲锣打鼓的队伍进行配乐。由于龙头的重量和体型都比较大，所以挥舞龙头的人在技巧和力量上都需要很深的功底，从而更好地体现出龙灯非凡的艺术价值。舞龙时，舞龙人通常会做出各种姿势，或跪或卧，使小青龙活灵活现地进入到各家的客堂里面。龙是吉祥的象征，因此，当地村民会按照当时习俗，在屋内摆上烛台迎接舞龙人，再供上些年货等招待舞龙人，条件好点的人家或是老板还会备上一个小红包。

随着经济的发展，嘉定当地的庙、庵等已被拆除，小青龙无处搁置，因而也随之消失。小青龙舞龙已逐渐淡出人们的视野。

嘉定锡剧

锡剧是江南一带的地方戏曲剧种，又称滩簧、常锡文戏、常锡剧。发源根植于太湖之滨的锡剧旧称"滩簧"，早先以苏南一带的民

新民晚报对嘉定锡剧团的报道

歌、小调为载体，叙述民间故事的一种说唱形式，在清乾隆时期形成了早期的吴语滩簧，道光年间开始进入常州、无锡城内演出。道光十年前后出现了为数极少的女职业艺人，在经历了对子戏、小同场、大同场、幕表戏阶段后，由说唱艺术逐步发展成为剧场艺术，民国初年开始进入沪宁沿线一带的城市，逐步发展壮大。嘉定锡剧是嘉定地区广为流传的传统剧种，在众多的锡剧样式中，嘉定锡剧别具一格，与众不同。嘉定锡剧属滩簧剧，唱腔高亢、嘹亮，发声浑厚、遒劲，抒情流畅、圆润。嘉定锡剧除唱腔颇具特色外，兼以做功见长，吸收了中国京剧、昆剧中的武打动作，尤为精彩。其旋律流畅又富有江南水乡特色，是广为流传的传统剧种。

六十多年前嘉定县锡剧团诞生后，迅速成为全国一流，甚至高出了锡剧"原产地"无锡的水平，走出了一批国家级的演员。陆续推出了《六里桥》《双推磨》等一批新老剧目。仅最初 10 年间，剧团就在嘉定乡间演出了 5510 场，农民观众达 432 万人次。1959 年，剧团受邀为毛泽东、刘少奇、周恩来等国家领导人演出，嘉定锡剧备受关注。近几年随着文化下乡、戏曲下乡活动的深入推进，嘉定锡剧正承担着促进本地城镇精神文明建设的新使命，嘉定锡剧已被评为嘉定区首批非物质文化遗产名录项目之一。目前，政府牵头成立了"戏曲沙龙"，每周举行活动。

各美其美，美美与共，传统经典锡剧剧目在嘉定区的社区文化中心剧场惊艳亮相，演员们的精湛唱腔，曲折动人的剧情，与教化嘉定的传统文化相结合，带给观众一场极具海派文化元素的表演，让观众深切感受到传统与现代艺术交相辉映的戏曲魅力。

近年来,在一系列"到群众中去"的文艺演出活动中,锡剧艺术也寻找到了新的增长点,嘉定锡剧人不断在题材的广泛性和任务塑造的深入性方面积极探索,编排了《一副保险带》《捡煤渣》《人老心红》《江姐》《六里桥》《七品陇其》等优秀剧目。其中,新编历史锡剧——《七品陇其》是为纪念嘉定建县 800 周年而创编的,该剧既传承了锡剧艺术,又极大地反映了廉政文化的重要性,引发观众尤其是广大党员干部的共鸣。

徐行风筝

风筝,又被称为"风鸢"或者"纸鸢"。中国的风筝已有 2000 千

扎制风筝的民间艺人

碧蓝苍穹绘满飞鸢

多年的历史。最早的风筝是春秋时期的哲学家墨子研制的"木鸟",后来经"木匠先祖"——鲁班加以改进,用竹子做成类似现在的风筝。隋唐时期,随着造纸术的发展,民间开始用纸来糊裱风筝。两宋时期,放风筝已经成为人们日常生活中必不可少的娱乐活动之一。从古代文人的诗词书画里不难看出,古代人们对风筝的喜爱程度。北宋时期张择端的《清明上河图》、苏汉臣的《百子图》中都曾出现放风筝的生动景象。清代高鼎的那首有名的《村居》一直被传诵至今,"草长莺飞二月天,拂堤杨柳醉春烟,儿童散学归来早,忙趁东风放纸鸢"。此外清代著名的文学家孔尚任、曹雪芹、郑板桥等人均描写过放风筝的景象。

说起风筝,不得不提风筝发展史上极为重要的一个代表流派——徐行风筝。徐行风筝是嘉定具有代表性的工艺品之一,其制作起源于清康熙年间,距今已有300余年历史,历代从事扎制风筝的艺人都来自民间,徐行风筝大多采用真丝材质,由画师工笔绘画,并留有印章。精巧细致的扎制,栩栩如生的图案,使得徐行风筝将郁的乡土风情、流动的生活气息、柔美的诗情画意融为一体,具有极高的工艺价值和收藏价值。目前,徐行风筝已被列入嘉定区第一批非物质文化遗产代表名录。

千年之前,纸鸢高处入云端;千年之后,碧蓝苍穹绘满飞鸢。近年来,嘉定每年的4月至6月期间,嘉定区都会举办包括徐行风筝制作活动的"非物质文化遗产保护月"系列活动,由徐行风筝区级代表性传承人向民众讲述徐行风筝的前世今生。徐佰龙便是其中传承人之一,他从小喜欢风筝,退休前是徐行小学的一名教师,他曾多次组织学生开展空模与风筝的兴趣活动。1996年时,他创建了上海市农村第一支老年风筝队,与队员们一起开展传统风筝扎制、风筝涂绘、创意风筝DIY等系列活动,让前来参与活动的群众在竹与布之间,近距离接触嘉定非物质文化遗产,在扎制、勾勒与晕染之间,体会制作风筝的乐趣,感受徐行风筝的海派韵味与自然之美。

黄渡沪书

沪书是曲艺的一种，距今已经有近百年历史了。沪书的表演形式为一人演出，又说又唱，在说唱过程中，会使用竹筷敲击钹子伴奏，因此，又被称为"钹子书"。沪书在上海郊区流传甚广，在嘉定的黄渡地区尤为突出，黄渡沪书作为一种文艺表演形式深受黄渡人民的钟情和喜爱。目前，黄渡沪书已被列入嘉定区第二批非物质文化遗产名录项目。

黄渡沪书的创作和演讲源远流长，有着良好的传统和坚实的基础，群众的参与面广，普及率非常高。近年来，黄渡沪书作为嘉定区每年举办的"非物质文化遗产保护月"活动的重要组成，深受人们的欢迎。例如，2021年嘉定区举办了青少年沪语暑期公益班，"上海小吃花样多，大饼油条小笼包"，"推推磨，拉拉磨，侬推吾拉做豆腐"……，培训内容涵盖问候语、动植物、交通出行以及上海历史地理知识等方面，由中国故事大王、区级非遗项目"黄渡沪书"传承人黄震良授课。沪语班培训区文化馆里充满了孩子们稚嫩的沪语声和欢笑声。小朋友汪静佳说，"黄老师教得很有趣，会搭配儿歌、动作让我们去记，而且沪语很嗲，像小公主说话，很吸引我，我会继续努力学下去"。嘉定区通过举办系列活动，为孩子们提供了学习沪语、走近黄渡沪书的平台，目前，已经形成了一定的沪语学习氛围，在传承传播嘉定非物质文化遗产、将上海方言发扬光大方面起到了良好的效果。

嘉定捏作

"捏作"是一项民间手工艺,起源于人类文明之初,至明清已大规模运用,并盛行至今。"捏作"技艺集雕塑、绘画、泥塑于一身,民宅的捏作风格质朴而题材不一,内容极为丰富,表现为历史人物、祥禽瑞兽、植物山水、建筑等等。主要材料有:石灰、砖瓦、稻草等。到了近现代,也采用钢筋、水泥等现代建筑用材进行创作。

嘉定捏作,是江南地区传统建筑的一种民间装饰技艺,它集雕塑、绘画、泥塑于一身,融入了深厚的民俗文化,浸润了浓郁的乡土气息。嘉定捏作最初是出于美化建筑的需要,故而大多存在于古建筑的屋顶、戗角、影壁、牌楼等地,其图案或飞禽,或走兽,或花卉,或虫鱼。嘉定捏作的主要色调有青、灰、黑、白,这是因为素雅的捏作与江南地区小桥流水的自然环境更为映衬。

嘉定捏作种类繁多,更不乏具有现实教育意义的捏作作品。例如在嘉定古漪园梅花厅边的长廊中有一组以明末奴仆索契为主题的捏作浮雕,具有高度的文学和写实意义,展现了1645年明末农民起义时期,风起云涌的社会情境。坐落于鸳鸯湖九曲桥北的缺角亭始建于20世纪30年代,其东南、西南、西北三只翘角被塑以三只高举的拳头,而东北独缺一角,象征东北三省沦陷,表达了南翔人民义愤填膺、收复失地的决心。园内的鹤寿轩,由两座方形建筑相连交叉,前后参差,形成传统吉祥纹样的方胜图案,轩顶塑有寿桃,寓意长寿,设重

古漪园中的捏作

檐，十四只翘角塑有昂颈的仙鹤，翘角下部塑有蝙蝠，口衔花篮。

  1949年中华人民共和国成立后，作为收集存放广大劳动人民粮食的仓库建筑上，也出现了捏作作品。在一些村委会、农村仓库的山墙上通常塑有五角星，留下了特殊的历史印记。从现存遗留的几处捏作作品可以知晓，捏作的主要流行地区，在嘉定的南翔、马陆、方泰、华亭、徐行等地。从嘉定地区的捏作中，流露出的是江南地区百姓的朴实纯真、乐天向善，以及对生活的美好祈愿。这些捏作从不同角度集中反映着嘉定人民积极乐观的精神追求，极大地丰富了建筑的完整性与艺术性。

走出疁城的外交官

中国的近代史是一部充满了屈辱和辛酸的灰色的历史。当历史的车轮驶进十九世纪中叶，炮利船坚的西方列强轰开了积贫积弱的中国国门，中国遭遇"数千年未见之大变局"，面对屈辱与警醒，大清王朝亟需外交洋务的人才。1863年3月江苏巡抚李鸿章仿京师同文馆例在上海设立上海同文馆，招收十四岁以下儿童，学习外国语文及自然科学，兼学经史文义。作为上海的近郊及教化之地的嘉定得风气之先，收引了不少青年学子入馆求学。

这批青年学子在学成后，勇敢地迈出长期封闭的国门，赴西方学习先进文化，睁眼看世界，成为走出疁城的外交官。最早的嘉定籍外交官名是吴宗濂。此外，还有廖世功、李家鏊、顾维钧、王守善等人。新中国成立后，又有一批外交官如吴学谦、钱其琛等，走上国际舞台。从一定意义上来说，中国近代史的外交舞台上纵横捭阖、风云变幻，离不开嘉定的外交官对列强据理力争，以高超的外交手段进行斡旋……嘉定作为上海一隅，外交人才辈出，堪称外交官的摇篮。

嘉定最早的外交官

吴宗濂（1856—1933）是最早的嘉定籍外交官，他出生于嘉定一户清寒人家，幼年时遭丧父之痛，靠母亲作女红收入抚养，后由其舅父殷怀濂领养。舅父家境尚好，让他与表兄弟殷善庆、殷善良等一起读书。吴宗濂从小聪颖懂事，舅父一家对他十分爱护，故吴宗濂对舅父怀有很深的感情，便以舅父之名"怀濂"而取名"宗濂"，表示感恩。

吴宗濂

吴宗濂从小受到传统文化的熏陶和教育，打下了坚实的基础。上海开埠之后，地处上海近郊的嘉定，得风气之先，受到西方思想文化的影响，面对中华民族内忧外患、积贫积弱的状况，深感屈辱。包括吴宗濂在内的不少嘉定青年志士深谙"弱国无外交"的道理，于是他们开眼看世界，开始学习西方的文化和科学技术。1876年，吴宗濂考入上海广方言馆学习法语。上海广方言馆创办于1863年，它主要培养外语和洋务的专门人才。由于这所学校就办在上海市内，距离嘉定很近，对嘉定的学生很有吸引力，前去报考的学生很多。上海广方言馆每年招收40名学生，年龄要求十四岁以下，三年学制，毕业时十七岁。而吴宗濂此时已二十一岁，大大超过了入学年龄。由于他求学心切，传统学问扎实，再加之由时任上海广方言馆国文教员、同乡前辈沈恩孚先生极力推荐，终于破例让他进入了这所学校读书。三年后，吴宗濂以优异成绩毕业。之后，吴宗濂考入北京京师同文馆继续深造，毕业时因表现优异，留校担任教员。在他担任教员期间，因精通法语和俄语，又熟悉洋务，常受京汉铁路局的邀请，任兼职翻译，之后调入清廷外务部，从此走上了职业外交官的生涯。很快，他的才华就受到洋务派首领李鸿章的赏识，受总理各国事务保奏，候选中书科中书，擢同知府候补道。1883年，吴宗濂随李鸿章赴俄国订立边界条约。之后他长期任职于当时中国各驻外使馆，积极服务于中国外交。

辛亥革命爆发后，国民政府鉴于吴宗濂的人格和才华，让他继续留任驻意大利，改称驻意大利公使。1914年，吴宗濂从意大利回国，先后任大总统府外交咨议、外交部特派吉林交涉使。1924年，吴宗濂任浦口商埠督办，次年任上海法租界市政会议委员。1930年起，吴宗濂任国民政府修约委员会委员，后任上海法租界公董局董事，直至病逝。吴宗濂在西欧诸国工作期间，曾受孙中山委托，以中国铁路总公司名义，向英、法、意、比等国筹借巨款建设三大铁路干线，并坚持事权不落外人之手，不碍主权的原则响应孙中山的号召，积极筹款修造中国铁路，为实现强国梦而奋斗。曾著作《随轺笔记》、译著《德国陆军考》《法语锦囊》等。

民国第一外交官

顾维钧是近代中国第一个对西方列强说"不"的外交官。1888年1月29日，他出生于嘉定，后毕业于美国哥伦比亚大学，在获得国际法博士学位后回国。他是中国最早接触国际法的思想先驱之一也是中国近现代史上最卓越的外交家之一。1912年，民国肇始，顾维钧被聘为临时大总统袁世凯的英文秘书兼国务总理唐绍仪秘书。

顾维钧

1918年第一次世界大战结束，巴黎和会即将召开，中国首次作为战胜国出现在世界的外交舞台上，顾维钧作为中方代表团的首席代表出席会议。积贫积弱的中国即便是战胜国，也一样是被侮辱和被损害的对象。在巴黎和会上，西方列强重新瓜分世界，悍然决定让日本继承战败国德国在山东的一切特权。顾维钧在会上竭尽全力，就山东问题作了一次缜密细致、畅快淋漓的精彩发言，他从历史、经济、文化各方面说明了山东是中国不可分割的一部分，有力地批驳了日本的无理要求。他激昂陈词："本全权绝对主张，大会应斟酌胶州湾租借地及其他权利之处置，尊重中国政治独立，领土完整之根本权利。"直到最后一天，他毅然拒绝赴凡尔赛宫代表中国签约。然而，北京政

五四运动

巴黎和会现场

府却采取妥协态度，结果激怒了全国人民，引爆了震惊世界的反帝反封建的五四运动。这是中国近代史以来，中国第一次向西方列强说"不"。这一声"不"看似简单，但在中国外交史上却如一声惊雷震撼了整个世界。鸦片战争之后，中国的国门被迫打开，中国政府签订了一个又一个屈辱的不平等条约，民族尊严被一点点消磨殆尽。然而，巴黎和会上一次响亮的否定回答，开启了中国在西方列强面前开始抗争的先河。

1927年1月31日，顾维钧任署理北京政府国务总理兼外交部部长，由于英籍总税务司安格联拒绝通过海关为北京政府征收附加税，顾维钧罢免了安格联的职务。安格联免职令一发表，随即引起震动，它打破了中国政府长期听凭列强操纵海关要职的恶习，也打破了曲意逢迎列强的常规惯例。1938年5月，顾维钧代表国民政府在国联的公开会议上申诉日本对我国的暴行。同年7月6日，他访晤法国外长庞荣，对法国擅自派驻安南（越南）警察进驻中国领土西沙群岛提出抗议。1939年5月，他在国联行政会议上吁请各会员国继续对华援助，勿再将战具及原料运往日本；8月，他在巴黎召开的世界学生大会上介绍中国抗日战争的英勇事迹和神圣目的。

退休后的顾维钧定居美国。1972年9月，出席第二十七届联大的中华人民共和国代表团成员章含之受毛泽东之托，拜见顾维钧并邀请其访问中国大陆。身居异国他乡的顾维钧从未停止对家乡的思念，尤其是晚年时，顾维钧见到每一个从上海去美国看望他的人，他总要一遍遍地问对方有没有到过嘉定。1985年11月14日，顾维钧在美国纽约寓所无疾而终，享年98岁。

《围城》中的嘉定人

《围城》是钱锺书先生的代表作品,后来被拍成了电视连续剧,影响甚广。但是很少有人知道,这部作品与嘉定人渊源颇深。《围城》中曾写到三闾大学,有关这所大学的原型,有多种猜测,根据学者的研究考证,较为公认的说法是"三闾大学"的原型是蓝田国立师范学院。而当时这所学院的院长是嘉定廖氏家族的廖世承。

廖世承,别名茂如,出生于1892年,是我国著名的中国近现代著名的心理学家和教育家。1909年时,他曾就读于南洋公学,之后考入清华学校高等科,毕业后赴美国留学,就读于布朗大学,攻读教育学、心理学,并获得硕士、博士学位。留学期间,因学习成绩优异,曾获得曼宁优奖生(James Manning Scholarship)荣誉,被举为全国科学会名誉委员,并得SigmaXiKeg荣誉。1919年,廖世承从美国布朗大学学成回国。八一三事变后,廖世承来到湖南省安化县蓝田镇创办国立师范学院。抗日战争胜利后廖世承回到上海,先后任光华大学副校长兼附中主任、

廖世承

校长。1951年，光华大学、大夏大学等高校合并成立华东师范大学，廖世承出任副校长。1956—1970年，廖世承先后就任上海第一师范学院和上海师范学院的首任院长。同时，他还被选为第二及第三届全国人大代表和市人大代表，第三及第四届市政协常委，任民盟市委第一副主任委员、上海教育学会会长。

廖世承的教育生涯长达五十余年，他毕生致力于教育科学实验。不仅参与创建了中国最早的心理实验室（即南京高等师范学校心理实验室），还与陈鹤琴一起进行心理实验研究，在实验的基础上编著了《智力测验法》一书，列有35种实验方法。

1924年，廖世承编撰出版了《教育心理学》，是中国这门学科最早的教科书。同年，在实验的基础上，他写出《东南大学附中道尔顿制实验报告》，比较了道尔顿制与班级教学制的优劣，并得出结论——按照中国的具体条件很难实行道尔顿制。

1925年，廖世承与陈鹤琴合编了《测验概要》，该书对推广教育测验和心理测验起到了一定的作用，是一本最简便的测验用书。廖世承把当时只用于个人的中小学测验应用到团体上，并丰富了测验内容，被称为"廖氏之团体测验"。廖世承主张师范生要有"责任心、忍耐心、仁爱心、真诚、坦白、乐观、谦虚、公正诸美德"，并且身体力行，以身作则，上海师范大学在廖世承先生100周年诞辰时修建了"茂如亭"，以此来纪念这位伟大的教育学家。

她是嘉定第一位共产党员

1904年乍暖还寒的春天里,嘉定南翔陈太史府里逃出了一位小姐,她年仅19岁,名叫陈君起。这一逃,她毅然和封建大家族决裂,踏上追求独立之路,在历经坎坷中追随进步与光明,开启献身革命理想的不凡人生。

陈君起抗婚离家后,只身前往上海求学,就读于上海务本女塾,1907年从校长吴馨手中接过务本女塾师范科的毕业证书,随后迁往南京任小学教员。不久后,陈君起与同学的哥哥自由恋爱、结婚,尽管这段婚姻是陈君起追求来的,但是在封建社会里,依然不能摆脱封建势力的束缚,因为遭到婆婆的虐待,陈君起第二次逃离了封建家庭的牢笼,与丈夫分居,自己独自抚养子女。婚姻的失败,让她从个人的奋斗中醒悟过来,仅仅靠个人奋斗还不行,只有妇女解放了,妇女才能真正过上与男人平等的生活。

陈君起

五四运动后，陈君起投身革命的洪流之中。1924 年初，她加入了中国共产党，从此走上了革命的道路。1924 年 5 月，南京妇女问题研究会成立，陈君起任该会负责人，她的家——居安路 20 号成为研究会的主要活动场所，萧楚女、恽代英等人到南京时曾去她家开会。

　　上海五卅惨案发生后，陈君起出席了南京市妇女研究会等团体发起的全市声援五卅惨案大会。她先后任南京妇女问题研究会负责人、中共南京地委妇女委员兼国民党南京市党部妇女部长。1926 年 10 月 4 日下午，陈君起被军阀孙传芳以"革命党"的罪名逮捕入狱。在狱中，陈君起视死如归，绝不妥协，她画了两幅画以明心志，一幅画的是一株梅花，并为其题词"瘦梅虽老，尤鲜艳耐寒"，另一幅画的是一座小房子，房子外面有只小燕子正在自由自在的飞翔，陈君起为其题词为"秋风秋雨近重阳，滴滴秋声知夜长。来回斗室三五步，绕梁小燕补巢忙"。经多方营救，1926 年底军阀当局以"妇女无知"的名义释放了她。之后，陈君起被党组织派到南昌，任职于国民革命军第三军。1927 年 3 月 24 日，南京光复后，陈君起重返南京工作。4 月 10 日晚上 11 时，中共南京地委在大纱帽巷 10 号召开紧急扩大会议，会议开到凌晨 2 点，50 余名便衣武装人员闯入会场，除一人趁乱越墙逃脱外，包括陈君起在内的 10 人全部被捕。几天后，陈君起与她的 9 位同志被秘密杀害，尸体被抛入南京通济门外九龙桥下的秦淮河中。那一年，陈君起 42 岁。作为嘉定的第一位共产党员、中共南京早期党组织成员，陈君起在探索中国女性独立和社会解放道路上不屈不挠，在中国革命的艰难征程中英勇无畏，她的光辉事迹永为后来者所追念，散发着永远的清芬！为了永远纪念她，家乡人民为她树碑立传，南翔镇选址和平街255号建设"陈君起纪念馆"。陈君起为党、为妇女解放运动而献身，展馆以一幅幅老照片串起了陈君起跌宕起伏的一生，市民群众可以免费参观，缅怀先烈。

补阙亭上志国耻

补阙亭是沪上闻名的爱国主义纪念地,它坐落在古猗园景区内,高耸于竹枝山顶。与其他方亭不同的是,它只缺东北一角,几乎每位游园的游客见到它时,都会驻足凝望。它不是因为自然风化而留下的残缺,也不是设计者的粗心大意所致,更不是因为工匠的偷工减料,而是在建造时有意识地少塑一只亭角。这在古今中外的江南园林乃至世界园林建筑史上是绝无仅有的。

1931年九一八事变后,日军于1932年3月3日占领南翔,古猗园被侵略军占用两个多月。日军撤退后,园内房屋倒塌,假山崩颓,树木被砍,花草枯败。

为铭记这一国耻,南翔人民决定在古猗园建造一座纪念亭以志国耻。1933年,由南翔镇当地爱国人士朱寿朋、陈少芸等60人署名成立古猗园整修委员会,百姓纷纷捐款响应,旅沪殷商富户也慷慨解囊。此次捐款共募集银元6000元,他们不仅对园内进行局部修复,还新建补阙亭。

缺角亭飞翼凌空,色调柔和瑰美,七彩俱全,建筑风格颇有特色:砖木结构,四根红柱顶起几何拱顶,线条流畅、气韵生动,建筑玲珑华丽。方形亭角攒尖顶,以四柱支承,而亭角独缺东北一角。建

补阙亭

亭之后,人们将它命名为"缺角亭",又名"补阙亭"。东北角残缺,表示东北沦陷。而另三角作握拳状,翘角又一反常态,塑之以紧握铁拳,高高举起,体现了中华儿女与日本侵略者抗战到底、收复失地、抗战必胜的决心。高悬于亭内的"缺角亭"三字,由著名书法家胡问遂题写,字体苍劲雄浑,与缺角亭的雄姿相吻合。

此后,古猗园经历了战火,也遭受到了文革的冲击和破坏。后经政府多次拨款和修复才得以复原。

补阙亭是抗日战争史的真实记录,承载着嘉定人民饱受欺凌的苦难、民族危亡的呼号、不畏艰险的反抗、团结抗战的荣光,既是苦难辉煌的见证,又是团结奋进、再造中国的精神支点。补阙亭对开展爱国主义教育具有重要意义。1992年1月,补阙亭被列为嘉定县文物保护单位。2000年11月,补阙亭被列为嘉定区文物保护单位。

嘉定第一个党支部在这里建立

嘉定西大街被称为"嘉定之根",这里保留着"上海最后一条原生态弹硌路",这里保留着有众多名人故居、旧宅,这里传颂着经典的红色传奇。

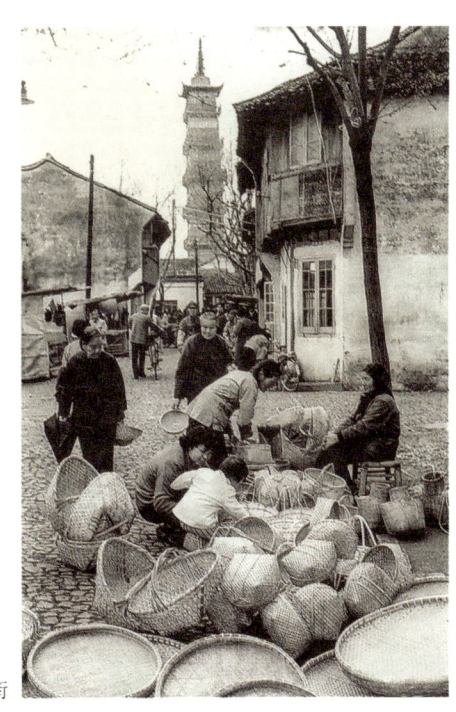

嘉定西大街

西大街218号是一所普通的民宅。静谧民宅，斑驳砖瓦，封存着枪林弹雨的战争岁月，布满了时光的痕迹，木楼梯上的木板轻微晃动，发出吱吱的声响。这里是嘉定第一个党支部成立的地方。

五四运动后，大批爱国志士在短时间内思想上发生剧烈的变动。当时具有光荣革命斗争传统的上海人民，闻讯奋起，以历史主人的姿态热烈响应，积极战斗。特别是"六三"运动后，上海工人阶级挺身而出，举行政治大罢工，把这场伟大的爱国运动推到了高潮。一批具有共产主义思想的先进分子汇聚上海，高擎马克思主义真理的火炬，传播先进文化，宣传革命思想。在中国共产党成立之初，嘉定就受到了先进思想的影响。当时，毛品章、夏采曦、陆默深、廖家礽等一批嘉定进步青年，深受革命思想的洗礼，相继加入了中国共产党。

1926年春，陆默深、廖家礽在嘉定地区开展革命工作。同年秋，中共上海区委派上海商务印书馆工人毛品章回嘉定开展建党工作，按上级要求，他和原先在嘉定的几位中共地下党员接上头，筹备成立嘉定地方党组织。

1927年春，毛品章、陆默深、廖家礽、张潄川、朱树仁、张吉人6人在嘉定西大街218号的一处民宅里召开会议，他们中有工人，有学生，有教师，有农村青年，会议一致通过了建立党小组的决定，成立了中共嘉定特别支部，这也是嘉定历史上第一个党组织，并推选陆默深当党小组组长。

星星之火，可以燎原。那是激情燃烧的年代，也是晨光初现的年代。嘉定的革命志士们举起革命的火把，播撒革命的种子，在嘉定的土地上书写出绚丽的篇章。

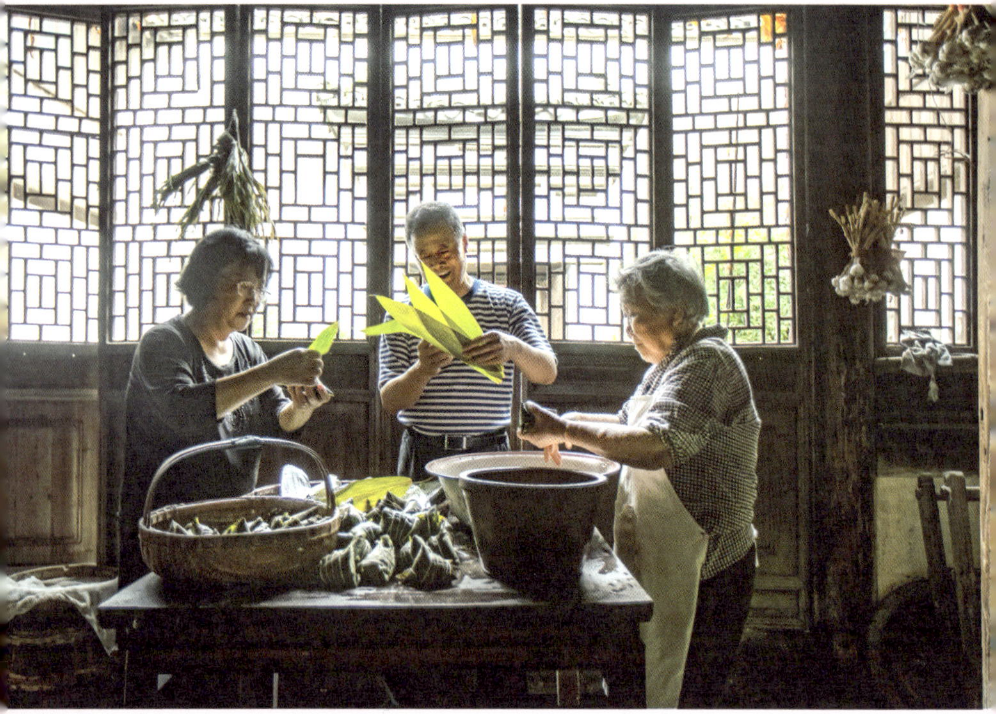

人间烟火味　最抚凡人心

小小南翔赛苏城

人间滋味在娄塘

嘉定美酒郁金香

江南吐鲁番里结水晶

菜中"君子"——罗汉菜

"中华国宝"在嘉定

小小南翔赛苏城

上海豫园的九曲桥畔,有家百年老店。无论寒冬酷暑,店里店外都人声鼎沸,店前的排队长龙更是豫园有名的"景观",这便是扬名中外的南翔小笼馒头店。

南翔小笼诞生在上海市嘉定区南翔镇,已有百年历史。南翔,古名"槎溪",因寺成镇,是具有 1500 年历史的江南名镇。1991 年被上海市人民政府命名为"上海市历史文化名镇"。古镇南翔文化底蕴深厚,历史源远流长,宋元以来就以物产繁盛而名闻遐迩,享有"银南翔"之称。自明代以来,南翔人才辈出,文人雅士竞建园林,明清两代建园 25 座,其中尤以江南名园古猗园为代表,故又有"小小南翔赛苏城"之称。

"一个个雪白晶莹,样子精美小巧,如玉兔一般,惹人喜爱。"

南翔小笼初名"南翔大肉馒头",后称"南翔大馒头",再称"古猗园小笼"。因其形态小巧,皮薄呈半透明状,以特制的小竹笼蒸熟,故称"小笼包",上海人更喜欢叫它"南翔小笼"。上海的南翔小笼馒头已有百年历史,其创始人是南翔镇一家点心店——日华轩点心店的老板黄明贤,后来在豫园开设了分店。由于地理上与上海老城隍庙结缘,生意越来越兴旺,上海市民、外地游客来到城隍庙,无不以一饱南翔小笼包而后快。在20世纪二三十年代,南翔小笼馒头在上海市民中的知名度也越来越高,堪称沪上一绝。在后来,小笼馒头成为了上海老城隍庙著名的"三头"之一(老城隍庙"三头":小笼馒头、蜡烛头和五香(头)豆)。由于深受上海市民和国内外游客的喜爱,英国女王伊丽莎白、美国前总统克林顿等都品尝过这里的小笼。

南翔小笼馒头采取"重馅薄皮,以大改小"的方法,选用不发酵的精白面粉和面,揪成均匀大小的面团,用食用油抹其表面,再擀成薄皮。"南翔小笼好吃,功夫全在馅上。"南翔小笼的馅料用的猪腿精肉都是用手工剁成的,不用味精,不加葱、蒜,仅撒少许姜末和肉皮冻、盐、酱油、糖和水调制而成。肉皮冻的制作也很独特,不用味精,而用隔年老母鸡炖汤把肉皮煮化成冻,切碎拌入肉馅,撒入少量研细的芝麻,以取其香。店家还会根据不同节令取蟹粉或春竹、虾仁和入肉馅。每只馒头用手指折出数十余道折褶,折叠捏合成小肉包。蒸好的小笼包一个个雪白晶莹,样子精美小巧,如玉兔一般,惹人喜爱,薄皮吹弹欲破。"轻轻提,慢慢移,先开窗,后吸汤,蘸蘸醋,

包制南翔小笼

细细品。"这是品尝小笼馒头的"秘籍"。戳破面皮，滑溜溜的汁水一下子流出来。雪白的面皮，透亮的汁液，粉嫩的肉馅，诱人到极致。任意取一只放在小碟内，对着小笼馒头小心咬上一口，轻轻吸吮，品尝浓缩了各种美味的汤汁。

吃南翔小笼的过程是一种享受，也是一种情怀。在上海古猗园餐厅，食客们在吃南翔小笼的时候还会搭配一杯竹叶茶。吃一个小笼，饮一口竹叶茶……除了"食物"这个标签外，南翔小笼似乎更是一个代表上海的文化符号。一笼笼热气腾腾的"老古董"，传承着这座城市的昨天、今天与明天。

目前，南翔小笼衍生出不少新的品种，如鲜肉小笼、野菜小笼、菌菇小笼等，不过最有名的，还是蟹粉小笼。店堂里坐着一溜串的拆蟹高手，听说每天要拆两三百斤的大闸蟹，看高手拆蟹也成了游客的观赏项目之一。2014年8月，原文化部第四批国家级非物质文化遗产代表性项目名录推荐项目名单公示结束，南翔小笼制作技艺成功入选全国传统面食制作技艺。2016年底，南翔馒头店入选米其林"必比登美食推荐"的上海餐厅后，进一步提升了南翔小笼的国际认可度。

随着地铁11号线的开通，南翔小笼迎来了新的机遇。2015年9月28日，南翔镇官方的小笼馒头文化体验馆正式开馆，馆内设有四大主题展示区和一个互动体验区。在展馆二楼的"南翔小笼包工艺现场体验区"，市民游客还可在小笼师傅的指导下，亲手制作小笼包。现在，老街小笼体验馆还成了不少学校的乡土教育基地，学校会经常组织孩子们来这里体验乡土文化,感受传统技艺的魅力。每年的"小笼文化展"成了上海旅游节、上海购物节、上海市民文化节、上海国际艺术节系列活动中宣传南翔的一张文化名片。

人间滋味在娄塘

作为全市历史文化风貌保护区之一，娄塘古镇距今已有600年历史，因依娄塘河而得名。留存有大量明、清、民国时期江南地方传统民宅群。娄塘古镇，相传以"食"闻名。民间流传一首民谣：金罗店，银南翔，铜江湾，铁大场，教化嘉定，食娄塘……足以证明娄塘食文化的底蕴深远。

娄塘古镇示意图

《嘉定县志》载:"娄塘镇:明永乐年间,里人王璇创市。明末,土纺土织遍及家家户户,所产斜纹布,纹路清晰,各地客商争相采购,装载船只,动以百计,号为花布码头。往来贸易,岁必万余。清末,市街南北长0.75公里,东西长1公里余。大小商店百数十家,以中段大北街、小北街、品泉里等处最为繁盛。每日集市一次,贸易物主要为棉花、纱布、杂粮。清末,镇内有商铺29个行业,249家,其中尤以饭馆、茶楼、点心铺最多,民谣'食娄塘'即此写照。"解放时,全镇有座商264家,从业人员694名,摊贩276家。2005年,娄塘镇被上海市规划局列为历史文化风貌保护区。据清代《娄塘志》记载载,娄塘镇的街巷名有:东大街、小东街、东街、南街、西大街、北街、小北街、北弄、中大街、中市街、宣家后门、瞿家弄、毛家弄、支家弄、邢家弄、李家弄、汤家弄、篾作弄、大(太)施弄、山居桥弄、小娘弄、窑湾里、遂宁坊、进塘里、大街和官街等26条大小街道。其中以方向命名的有10条,以姓氏命名的有7条,以不同特色命名的有9条。这些有着数百年历史的街名中,许多沿用至今,反映了娄塘古镇街巷之古。

娄塘老街,始建于明朝朱元璋年间,距今已逾600年。在这里,保存由上海最后的"弹街路"。弹街路又称弹格子路、片弹石路。这种由卵石、碎石铺筑的路面,已经有几百年的历史了。这些用石片铺设的路面很有讲究,中间略高于两边,不仅排列紧凑,有利于街道排水,且与两旁的明清民宅建筑相互辉映,虽经长达600多年历史洗礼,街道大部分路面至今多仍保持完好。"娄塘街,条条歪,七曲八

娄塘古镇（旧）

娄塘古镇（2022）

弯十七八个井天堂"是其独特的建筑格局。蜿蜒的街巷与纵横的水系相互交织,年代久远的传统民居坐落其间,大多是二三层的老砖瓦房,现已墙面斑驳,巷子里洋溢着浓烈的生活气息。

娄塘小吃以代代相传的制作工艺和独特的民间风味,形成了自己的特色,说起娄塘小吃,不得不提娄塘塌饼,它承载了无数娄塘人的儿时回忆。塌饼,是一种江南地区的传统小吃,与"太平"音谐义合,蕴意"太太平平",象征着吃了塌饼,可以使家庭和和睦睦,生活年年甜蜜。每到二十四节气的立夏节气时,江南地区都有吃立夏塌饼的传统习惯。娄塘塌饼是嘉定地区心灵手巧的主妇们擅长制作的一道乡土味十足的点心。娄塘塌饼的做法比较简单,糯米粉和面,分成均匀的小面团,将面团擀成饼状,加入绵白糖封口,拍上香气四溢的芝麻,下锅炸至两面金黄色后捞出,香甜酥脆的小糖塌饼就做好了。勤劳的主妇们通常一次会制作很多塌饼,送给亲戚邻居分享,如今也有食品厂成批制作。在嘉定,凡是遇到盖新房摆上梁酒、乔迁新居、考上大学等喜事的娄塘人家,都会制作一种叫作"烤"的点心,分给亲朋好友、左邻右舍,以求广而告之,共享喜悦。"烤"是一种油炸面点,把面团擀成馄饨皮状,沾上香喷喷的芝麻,用剪刀在中间剪开一条缝,把面皮两头从缝中对穿,形成"8"字状,下油锅炸至金黄色,捞出后就可以吃了。"教化嘉定"历来重文重教,在嘉定传统风俗中,"烤"这道小吃经常和粽子搭配在一起,取其考(烤)中(粽)状元的好口彩,用于馈赠亲朋好友。

在娄塘,还有一道谐音为"满意"的小吃,单听这谐音,已经

娄塘小吃

是让人迫不及待地想尝一口了。这道小吃的名字是"面衣",通常的做法是将面糊与韭菜搭配在一起。韭菜切成小段,在面粉中加入鸡蛋、韭菜、盐和适量的水,均匀地搅拌成面糊状后,用勺子把面糊舀到已经加入少量油的热锅里,等到面糊两面煎至两面金黄,就可以出锅了。

嘉定美酒郁金香

郁金香酒是嘉定名特产之一,已有 300 多年历史。相传郁金香酒的首创者是今南翔人民街酱园弄内的石有成槽坊,最初是民间私酿,酒质清香沉郁、栗色透明、醇厚甘甜,因酒中有郁金和广木香等三种带香字的草药,故以"郁金香"命名。1937 年,郁金香酒曾在德国"莱比锡博览会"上获得国际金质奖。

郁金香酒选用嘉定本地种植的上等优质白元糯米和广郁金、当归、杜仲等二十多味珍贵中药配方酿制而成。人工和机器的完美搭配,才能酿出酒香四溢的郁金香酒,酒的年份不同,酿酒的过程也不

郁金香酒

同。在制作工艺上，其糯米浸泡、蒸煮、发酵都在自然环境中进行，整个发酵过程需要60至90天，且采用传统酵母菌种培养以及根酶、糖化酶等复合酶系来发酵。郁金香酒质清香沉郁、栗色透明、醇厚甘甜，酒中清雅的药香醇厚芬芳。该酒特点是口味独特、营养丰富，饮后还具有润气开胃、补肾强身、舒筋活血、通便去湿的独特功效，是一种养生酒。清康熙年间，嘉定"六君子"之一的张鹏翀饮用郁金香酒后曾赋诗一首："郁金香注古黄流，一斗分来助拍浮，醉扫翠峦千万叠，可能胜似换凉州。"到清光绪年间，户部尚书王文韶得此配方后，在南翔镇上也开了一家酿酒作坊和店铺，专门酿造此酒，还将郁金香酒作为土特产奉献宫廷，慈禧太后饮后大加赞赏，从此它被列为朝廷贡酒，更加名扬四海，成为本县传统特色名酒。后来南翔王公和、宝康、复泰等酱园和日新酒店都生产郁金香酒。1937年时，郁金香酒在德国"莱比锡博览会"上获得国际金质奖。2009年被列入上海市非物质文化遗产。

　　抗战期间，郁金香酒生产曾一度中断生产，酿造配方以及工艺技师流于民间。解放后，由嘉定区供销合作总社所属的嘉定酿造厂恢复生产郁金香酒，郁金香酒也成为定量定点生产的特供酒。郁金香醇厚浓香，酒香划过酒客的舌尖喉头，那滋味让人终生难忘。国家领导人胡厥文、围棋大师聂卫平品尝郁金香酒后赞不绝口，给予了极高的评价。1979年，郁金香酒被中华人民共和国工商行政管理总局批准注册为"仙鹤牌"商标。1988年，郁金香酒在中国科技食品学会、上海营养学会等单位主办的"熊猫杯"全国营养食品评研活动中获得银奖。

嘉定传统名酒郁金香

20世纪90年代第一春被商界、新闻界和文化界联合推荐为90年代中国春夏市场最受欢迎商品"金奔马奖"称号。

由于郁金香酒的酿制工艺比较复杂，原料讲究、品种较多，有些原料难以保证，生产成本不断上升，产量日益减少。加上因嘉定老城区改造，嘉定酿造厂暂停对该酒生产，掌握郁金香酒酿造配方和工艺的技师只能另谋出路。为了保护和恢复嘉定名优特产，2007年嘉定区供销合作总社，根据传统的郁金香酒工艺及配方，恢复生产小样郁金香酒5吨。根据市场调查从酒质、品味上受到了各界人士的好评。

江南吐鲁番里结水晶

若问申城哪处的葡萄最好吃,嘉定马陆当属首屈一指。到2022年,马陆葡萄已经41岁了。1981年,为了增加马陆地区农民的收益,调整农业种植结构,当地开始推广葡萄种植。根据葡萄生长、防病虫害等一系列特点,选定了巨峰葡萄等适合马陆地区的种植品种。1999年,马陆镇被农业部命名为"中国葡萄之乡"。1992年,马陆镇成立了全国第一家镇级葡萄研究所——马陆葡萄研究所,2006年,占地500

马陆葡萄

马陆葡萄网

多亩的马陆葡萄主题公园正式开园。葡萄研究所有夏黑、巨玫瑰、醉金香、阳光玫瑰等 120 多个鲜食葡萄品种。每年的 7 月份葡萄采摘节都会准时开启,许多爸爸妈妈们都会带着小朋友到葡萄园里度过一段惬意的休闲时光,萌娃们在爸爸妈妈们的帮助下瞬间化身为"田园小农夫",享受着葡萄采摘的乐趣。目前,"马陆葡萄"已经成为嘉定的一张香甜的名片。

菜中"君子"——罗汉菜

罗汉菜被称为菜中"君子",是与南翔小笼齐名的"嘉定一宝"。罗汉菜种植历史悠久,已有300年以上,罗汉菜的成长过程非同寻常。罗汉菜的种子很不起眼,只有小米粒般大。一般的植物都选择在万物复苏的春天萌芽生长,而罗汉菜的种子一定要经历了夏季的酷热之后,在深秋转凉时开始萌芽,风雪无阻,向寒而生,具有顽强的生命力。经历了霜雪的罗汉菜碧绿鲜嫩,但罗汉菜和其他的绿叶菜不一样,其他的绿叶菜都要趁着刚采摘时的鲜嫩及时食用,而刚采摘的罗汉菜嫩菜却又苦又涩,难以入口。雪里蕻等也可腌制的菜鲜嫩时也能

嘉定区非物质文化遗产——罗汉菜

食用，而罗汉菜的特性决定了只能经过艰难的腌制历练过程才能施展美味和营养。将罗汉菜洗净，先用盐反复揉搓，然后用盐渍去苦汁，装进罐子用石头压紧后封口，经过半个月的腌制，直到罗汉菜由碧绿变为黄褐色，完全褪去了苦涩，这时的罗汉菜才真正迎来了"重生"。传说罗汉菜曾作为贡菜被送往慈禧的餐桌，慈禧对这道菜称赞不绝。

罗汉菜还曾让清末民初的著名外交家、土生土长的嘉定人顾维钧先生念念不忘。晚年的顾维钧身居海外多年，越到晚年，顾维钧越思念故国家园，尤其是家乡嘉定。他每天的晚餐必吃中餐，特别想吃家乡上海嘉定的塌棵菜和罗汉菜。女儿顾菊珍对父亲的这一份不绝如缕的故土深情看在眼里。为了了却父亲的这份心愿，顾菊珍每次回大陆时，都要把家乡而今的深刻变化一五一十地告诉父亲，以宽缓父亲对故乡的思念。

"中华国宝"在嘉定

嘉定梅山猪是中国优秀的地方猪品种，历史悠久。《嘉定县志》记载，400年前，梅山猪主要生长于上海市郊的嘉定、宝山、青浦和江苏太仓、昆山。生长在嘉定一带的梅山猪，以其肉质鲜美，细嫩多汁而被列为贡品。嘉定区位于太湖流域，地处长江三角洲平原的东部，地势平坦，河流纵横。得天独厚的地理环境，为饲养梅山猪提供优越的条件。经过300多年的培育，形成了梅山猪耐粗饲、抗逆性强、产仔率高、肉质鲜美等特点，被誉为"中华国宝"。

梅山猪还有几个优良特性闻名遐迩：一是产仔多，平均每胎产仔16头，最高的纪录是33头；二是性成熟早，七个月即可配种繁殖，母猪利用率高；三是奶水多，母性好，每头母猪平均年产两胎，每胎产奶500多公斤，年均可育成仔猪26头。梅山猪这一优良品种曾引起了世界养猪界的浓厚兴趣，一位参观了嘉定种畜场的法国专家，竟抱起一头小母仔，亲昵地称之为"世界上最伟大的母亲"。梅山猪作为我国优良地方品种和珍稀物种，2008年已被国家畜禽遗传资源管理委员会列入《国家级畜禽品种资源保护品种名录》。

然而，梅山猪主要以原粮、蔬菜为主食，饲养周期在10月以上，比一般的商品猪长了一半左右，所以肉质更加鲜美，但饲养成本较高，再加上受外来猪种的冲击，20世纪80年代后期已渐渐淡出了市场。

为了让广大市民能品尝"中华国宝"这道美食，不少科研工作者把自己美好的青春年华，把自己全部的精力和心血，倾注在梅山猪身上。印南昌就是其中一位。

印南昌是嘉定区优秀共产党员、区先进工作者，曾任嘉定区种畜场党总支书记兼场长。他以惊人的毅力和聪明才智，坚持畜牧科学研究，潜心于梅山猪的科研和生产。经过印南昌和同行们的长期培育试验，目前梅山猪肉在本市的几家中高端超市已有少量销售。

此外，梅山猪被引种到全国除西藏、海南以外的所有省市，成为各地发展菜篮子工程的首选母本猪，并逐渐作为友好使者走出国门，成为世界上屈指可数的优良猪种之一，被国内外养猪界称为中国的"国宝"。

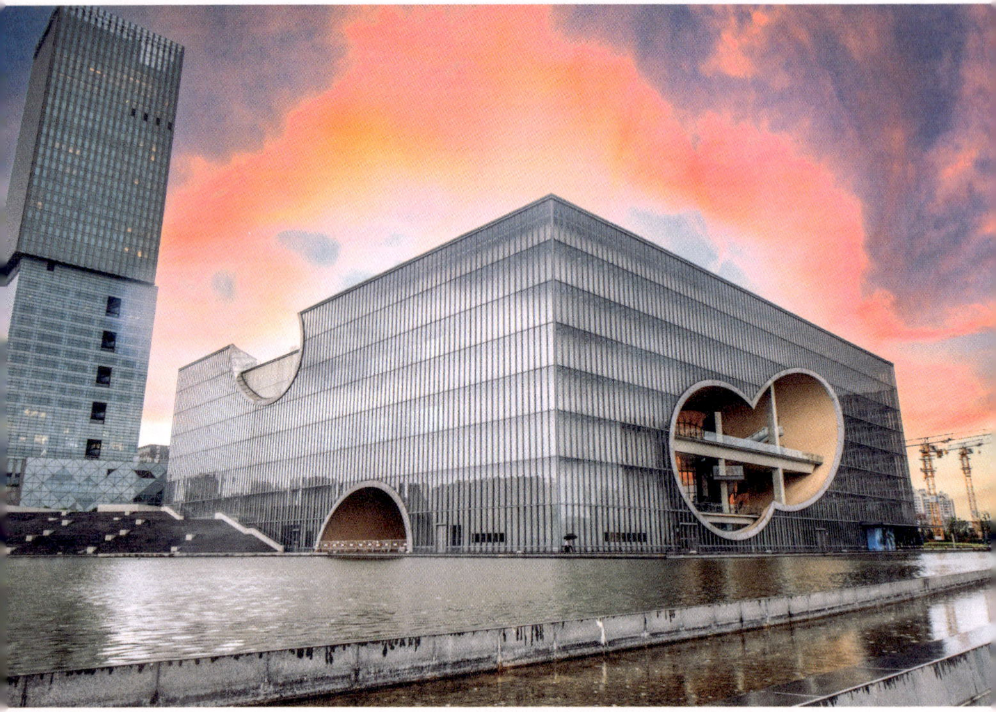

幸福就在家门口

"老地标"成为"新网红"
风景在"路"上，幸福在心里
"最美人工湖"——远香湖
"上海颜值最高的图书馆"——嘉定图书馆
"不关门的剧场"——上海保利大剧院
F1赛车场：车轮上的视觉饕餮
智慧医院建设：守护生命，以爱为名
教化嘉定：办学精神之树结出硕果

"老地标"成为"新网红"

城市建设是一个有机成长的过程。地标是一座城市的灵魂外貌和可视符号。每座城市的地标，都具有其独特的地理特色，承载在传统建筑上的大量地缘特征和文化记忆，是一座城市独一无二的精神内核和人文图腾，能体现一座城市的风貌和文化底蕴。不同时期的建筑，保留着不同时代的记忆，成为嘉定独有的轨迹和坐标。无论是那些迄今屹立不倒，还是早已湮灭于岁月长河中的建筑，都是今人的宝贵财富。

嘉定最古老的建筑——法华塔

悠悠练祁水，巍巍法华塔。法华塔位于今嘉定区嘉定镇的中心，又名金沙塔，就在州桥老街的边上。法华塔建于南宋开禧年间（1205—1207年），当时这里还叫"练祁市"。十年后，嘉定设县，因它是全城最高点，又位于东、南、西、北四条大街之中心，县城建设就以此塔为中心展开。法华塔建成后，几经兴废，至明代万历三十六年（1608年），知县陈一元募款重修，仍恢复七重楼台，四面设壶门，砖木结构，高40.83米，各层有平座、栏杆、腰檐，层间飞檐翘角，下悬檐铃,风动铃响,清脆悦耳。"金沙夕照"是当时嘉定的人文胜景之一。明末嘉定四先生之一的书法家娄坚为其题"法华塔"之匾。塔身如一支巨笔矗立城中,建塔时嘉定还未建立县治,建造这座塔反映了本地人对文化的渴望,对人才的希冀。

民国13年(1924年)邑人戴思恭募款大修时,改底层围廊、各层腰檐栏杆、七层塔顶为钢筋混凝土结构。中华人民共和国成立后,嘉定人民政府将其列为文物保护单位。

1994年,上海市文物管理委员会与嘉定县政府决定联合拨款近200万元对严重倾斜(中心位移达120厘米)的法华塔进行抢修,并于1996年底竣工。通过经纬仪测定,塔身总体"站直",达到规定要求,而且恢复了古塔"铃铎响诸天"的固有风采,并为其设置了立体泛光照明,使昔日"四角放光"的传说成为现实。每层塔内设有楼梯,拾级而上可眺望全城景色。

进入法华塔的院内,右边是翥云堂,内设"胡厥文同志生平事迹展"(胡厥文是嘉定人)。从后面的一个院子里进去,有"嘉定竹刻博物馆"。法华塔对研究嘉定的人文历史,建筑艺术等具有极高的价值。1960年1月,法华塔被列为嘉定县文物保护单位,2000年11月被列为嘉定区文物保护单位,2002年4月被列为上海市文物保护单位。法华寺曾让多少墨客文人争相赞美,并写下无数诗篇。这些诗句续写着文脉流长、古韵流芳的翥云文化。

法华塔"铃铎响诸
天"的风采

《法华塔歌》

此塔旧名金沙

明　张恒

登龙桥南法华塔，一级犹存万廛匝。

香火消为市肆尘，喧嚣何处安缁衲。

此塔肇建自开禧，至大元年复葺之。

四百余年一回首，人民屡迁陵谷移。

邻家传讹传欲徙，尽道妖蛟旦暮起。

手持长剑双龙吟，蛟乃潜逃哗亦止。

仙尹决策催经营，拮据半载毁复成。

平地涌起二百尺，多宝夜吐常光明。

我升其巅尘埃失，江海风恬波不溢。

维桑与梓接扶桑，万井千家迎化日。

《金沙塔眺望》

张锡爵

铃铎响诸天，浮屠出尘表。

挥手宕青云，侧足蹑飞鸟。

阑空列宿垂，路转雄虹抱。

鳞次俯衢闾，错落辨亭堡。

郊烟引路长，海雾吞洲小。

一笑天地宽，古今风浩浩。

《登金沙塔眺望》

顾毅卿

十级而登第一层,盘旋新茸曲栏凭。

水光山色平分际,此塔孤危炮火腾。

望南直接应奎山,树木森森左右环。

指点钟楼遥寄慨,两三飞鸟倦知还。

"吴中第一"嘉定孔庙

嘉定孔庙位于上海市嘉定区嘉定镇南大街183号,始建于南宋嘉定十二年(公元1219年),又称"文宣王庙","规制崇宏,甲于他邑",至今已有800余年的悠久历史。嘉定孔庙是目前国内保留比较完好的县级孔庙建筑之一,在古代江南地区的县级孔庙中有"吴中第一"的美称。800余年来,嘉定孔庙不断修缮、增扩、重修达百余次。中华人民共和国成立后,上海市文管会曾两次拨款进行修葺,修复旧观。现存建筑虽仅原来的十分之六七,仍不失为目前国内比较完整的孔庙之一。嘉定孔庙对研究嘉定古代政治、经济、文化,以及建筑艺术等,具有极高的价值,是当之无愧的国宝级古建筑群。1962年嘉定孔庙被列为上海市级文物保护单位,2013年被列为全国重点文物保护单位。嘉定孔庙虽几经兴废,如今依旧坐落于城的中央,如同守卫这座城的文化图腾。

嘉定孔庙是"教化嘉定"的源头,在古代是嘉定县学的所在地。

嘉定孔庙

孔庙大门前的甬道东西两头各有一座高耸挺立的牌坊，分别是建于宋淳祐九年的"育才"坊和建于元至十三年的"兴贤"坊。两座牌坊表明孔庙办学校的目的是为了培养人才，选拔有才能的人。循中轴线依次有仰高坊、棂星门、泮池、大成门、名宦土地祠、乡贤忠孝祠、大成殿及东西两庑等建筑。

其中，仰高坊建于明万历十四年，"仰高"二字出自《论语》"仰之弥高"，意思是赞扬孔子的学问博大精深，这三座牌坊气宇轩昂，并有石栏连接，在栏杆望柱上端雕刻有72只石狮，象征着孔子的72位贤徒。

在"仰高"牌楼后的棂星门始建于元代，这是嘉定孔庙的第一道门。棂星是古代天文学上的文星之一,用棂星的名字命名此门,表示天下文人学士皆集学于此。棂星门为三门石柱式的牌坊,石柱喻示儒家思想顶天立地,棂星门的两侧分别为文门和武门,文官走左文门,武官行右武门。中间为状元门,门楣上雕鲤鱼跳龙门,只有高中状元才有资格走此门。

进入棂星门,可见一呈半圆形的水池叫作泮池。在中国古代,天子之学叫作辟雍,凿池圜水,诸侯之学叫作泮宫,池如半壁,半于圜水,所以称之为"泮池"。泮池开凿于南宋时期,在池上跨着3座并排的石拱桥,其功能同棂星门一样,只有高中状元者才有资格走中间的桥。

孔庙的第二道门是大成门,"大成"是孟子对孔子的高度评价,意思是赞颂孔子的学说集中了古代文人的思想智慧,达到了集古圣贤之大成的至高境界。过了大成门,中间一条笔直的甬道通向孔庙的主体建筑大成殿。大成殿建于南宋年间,是孔庙内宫殿式的主体建筑,也是孔庙的核心,整座大成殿建筑坐落在高大的砖石台基上,重檐飞翘、巍峨雄伟,中间的御路石阶上浮雕海水龙纹,一尊孔子塑像高居大殿之中。孔子塑像的顶横梁上有清代帝王所题的横匾,康熙的"万世师表",嘉庆的"圣集大成",光绪的"斯文在兹",雍正的"生民未有",意指前无古人,后无来者,这些横匾都是对"至圣先师"孔子的肯定与褒扬。

中国科举博物馆坐落于"吴中第一"的嘉定孔庙内,这也是目前海内外唯一的科举专题博物馆。科举制度是中国首创的一种选官制度,它所坚持的"自由报名、公开考试、平等竞争、择优取士"原

仰高牌楼

则,为出身寒门的知识分子进入仕途,提供了一个公平竞争的平台。

中国科举博物馆利用孔庙古建筑的自然分割,以"科举制度沿革""科举与儒学""科举与社会文明""科举考试程序""科举与教育"5个板块,使用科举文物和相关展品1000余件。上海中国科举博物馆已建成科举文化的收藏中心、展示中心和研究中心,全方位地展示科举制度的历史变迁,生动地再现了自隋朝开科取士到清末废止科考,科举制度1300年的兴衰史。中国科举博物馆已经成为"教化嘉定"一张新名片,成为"汽车嘉定"一座有文化含量的后花园。

安亭老街

充满浓浓的生活气息安亭老街历史悠久,早在三国东吴赤乌2

年（239年），这里就建造起了菩提禅寺。从此四周乡民聚居，逐渐成镇。到了明朝中期，归有光从昆山移居此地收徒授课，四乡学子纷纷前来投于门下，安亭一时间声名大振。旧时的安亭老街以河为界分成东西两岸，街是用卵石铺平的弹硌街，沿街是大小不一的瓦房，开着酱油店、柴火店、杂货店、酒店、菜馆、茶馆、点心店、豆腐店、水果店、肉店、染坊、米店等，可谓商贾云集，生意兴旺。早晨，街上热闹非凡，下午则慢慢沉寂下来。孩童放学回家经过老街时，总有好奇者不时朝着各色商店里张望。即使一个补铁锅的摊位，也总会吸引好奇的孩子，老铁匠呼哧呼哧地拉着风箱，烧旺的煤炉上面放着一口小坩埚，锅里铁水烧红后倒在铁锅坏了的地方，一会儿，漏洞就补上了。诸如此类的小摊比比皆是，让老街充满了浓浓的生活气息。除此之外，老街还有一个独特的景点，那就是一棵生长在一座600多年石拱桥石缝里的花石榴，常吸引年轻人前去留影，透过石榴树张望过往船只，则是另一番情趣。

安亭新镇鸟瞰图

风景在"路"上,幸福在心里

中华人民共和国成立后尤其是改革开放以来,嘉定发生了日新月异的变化,建筑变高了,马路变宽了,地面变净了,交通便捷了,人口增加了,城市变美,人们的幸福感更强了。

交通是衡量一个城市变化与否的重要元素之一。改革开放以来,嘉定新城的交通有了质的飞跃。嘉定新城正以崭新的面貌和博大的胸怀,迎接新的机遇和挑战。嘉定新城14号线、嘉闵北延伸段、宝嘉线、嘉青金松线预控方案研究加快推进。

中国大陆第一条高速公路——沪嘉高速公路

被嘉定人引为自豪的国内第一条高速公路,是嘉定走向现代化的标志。沪嘉高速公路就像镶嵌在古城嘉定大地上的一条翠绿彩带。由于有了沪嘉高速公路,把市郊之间的距离拉近了。

改革开放初期,上海建设卫星城镇,调整产业布局,交通运输条件的限制日益显现。"市区到嘉定卫星城不过20多公里,可是乘车需要2个多小时,其中的杨家桥铁路道口,常常一等就是几十分钟。"时任沪嘉高速公路建设指挥部副总工程师的张奎鸿回忆,作为大都市，上海经济的发展促使客流、物流突飞猛进，公路建设速度跟不上车流量的增长速度，部分道路等级较低，逐渐变得拥挤。建设沪嘉公路的建议在彼时提上日程。

为改善上海市区与卫星城嘉定间的交通条件，1983年上海市政府批准对沪宜公路沪嘉段进行改建，决定按高速公路标准建设与原有道路平行的新线。工程于1984年12月21日开工，1985年完成路基施工，开始了结构化施工。1988年9月底，全线主体工程基本完工。1996年，该道路移交沪港合作上海建泰有限公司专营，为期20年。20世纪90年代末，上海市政府决定将沪嘉高速公路延伸至太仓浏河，与江苏省新建的江苏沿江高速公路相衔接。2000年，与上海郊环线共线的嘉定南门枢纽至嘉西枢纽段通车。2001年底，嘉西枢纽至太仓浏河段建成，由此"沪嘉高速公路"改称为"沪嘉浏高速公路"，后编号为A12。不过2006年初，为了避免对驾驶员造成混淆，上海市政部门决定将嘉西枢纽至太仓浏河段划为A5嘉金高速公路的一部分，嘉定南门枢纽至嘉西枢纽段也不再是A12/A30公路共线段。因此"沪嘉浏高速公路"的名称又改回了"沪嘉高速公路"。

结构工程中除了祁连山路半互通式三层立交、新江路互通式菱形立交、马陆镇互通式菱形立交和跨真北路简易立交外，沪嘉高速公路上还设计建造了两座500米以上大桥。蕴藻浜大桥是当时上海最长的公路桥，全长744米，全桥30跨；新槎浦大桥桥长693米，全桥28跨。沪嘉高速公路是全封闭的快速通道，对路基质量、路面平整度等施工工艺要求都非常高。

回忆沪嘉高速的建设过程,张奎鸿感慨万千,"当初建设者们攻克了许多技术难关","这条路从规划、设计、建设一直到管理,整个全过程我都参加了,而且我是嘉定人,对这条路很熟悉,也非常有感情。"

1988年10月31日,中国内地第一条高速公路——沪嘉高速公路正式建成通车,我国大陆没有高速公路的时代在嘉定宣告结束,嘉定速度从此起航。通车后,以往2小时的车程,减少到短短半小时,大大缩短了时空距离,降低了综合运输成本。为了加强沪嘉高速公路的管理,原上海市公路管理处成立了沪嘉高速公路管理所,并建成了中国大陆第一个高速公路监控室,实现了路况观测、流量采集功能,能为预警信息发布、突发事件处置提供依据。至此,上海的公路建设发展掀开了新的一页。20世纪90年代开始,上海又相继投入了沪宁、沪杭等高速公路建设。按照上海"153060"高速公路网规划,重要工业区、重要集镇、交通枢纽、主要客货集散地车辆15分钟可进入高速公路网,中心城与新城、中心城至省界30分钟互通,高速网上任意两点间60分钟内到达。2007年,随着外环高速、迎宾高速、沪芦高速、莘奉金高速、沪青平高速等高速公路相继竣工通车,上海高速公路里程达到了634.62公里,已经全面进入了网络时代。而沪嘉高速公路成为上海"两环、十一射、一纵、一横、三联"高速公路网体系中一条重要的射线高速公路,是上海与长三角地区、嘉定新城与中心城之间一条高等级的快速通道。

沪嘉高速公路,分担市区与嘉定间沪宜公路近一半的客、货运交通量，交通事故明显减少，解决了上海对外6个主要公路出入口中交通量最大的西北出入口交通拥塞状况，促进上海市与外省市的经济联系，改善嘉定县投资环境，促进工农业生产的发展，为嘉定县跃入全国富县行列起到积极作用。嘉定县有770余年历史，具有江南水乡特色，名胜古迹颇多，拥有双塔、孔庙、古猗园、汇龙潭、秋霞圃等史迹。沪嘉高速公路建成，促进了嘉定旅游事业的发展。沪嘉高速公路运营后的1989年和1990年，交通量增长率分别

嘉定鸟瞰图

达到11%和21%。到1990年底，沪嘉高速公路已累计通车402.11万辆，征收通行费1053.97万元。1995年的全年交通量为396.8万辆，征收通行费3214.69万元。沪嘉高速公路工程是中国大陆第一条建成通车的高速公路，标志着中国大陆高速公路从无到有，中国公路建设将发生翻天覆地的变化的开始，标志着中国公路建设的标准升到更高一个层次。在工程设计建设阶段，由于缺少国家标准和经验，特别在交通监控、交通安全防护设施和交通标志标线方面规范缺

失,只能参照交通部制定的一些暂行规定和国外标准,并且不断探索和研究。但沪嘉高速公路的设计、建设成果是一流的,各项技术指标至今仍然满足交通需求,在上海市高速公路路网中发挥着重要作用。

"沪嘉高速公路"从 2009 年 3 月 15 日开始实行"弹性收费":19 座以上客车双向免收高速公路车辆通行费,小于等于 19 座客车"中环路→南翔镇"双向免收高速公路车辆通行费以外,"中环路→嘉定南门"双向收取高速公路车辆通行费 5 元。

解放后建成的第一条越境公路——曹安公路

曹安公路自曹杨路起,经真如、江桥、封浜、黄渡、安亭等 5 个集镇,过安亭泾,出上海市境与江苏昆安公路贯通,沿线桥梁 27 座,全长 25.63 公里。曹安公路两头终端分别是曹杨新村和安亭镇,因此将这条公路命名为曹安公路。

曹安公路于 1958 年底动工,投资 561.51 万元,1960 年建成。路基按 4 车道辟筑,粗砾碎石为基础,煤沥青浇面,路面宽度 10.5 米。1981—1985 年,市公路处先后对其进行拓宽加固,路面由 10.5 米拓宽至 14 米,拓宽部分结构为 20 厘米三渣基层、6 厘米沥青贯入式面层。1989 年 12 月底至 1992 年春,又按二级公路标准对曹安公路进行改造,将路面改造为黑色沥青混凝土路面,改建工程按时竣工。1996 年加建两侧绿化带,实施机动车与非机动车分流。

后来，由于市区道路名向外延伸，曹安路路名已不再到达曹杨新村。经过多年发展，位于曹安路、沪宁、沪嘉、外环、中环、204国道、312国道，两条轨道交通线（13、14号线）的曹安商圈已经成为上海城区与江浙经济联系的门户要冲。这里交通四通八达，多条公交线路直达上海市中心，有"车轮上的枢纽商圈"之称。曹安商圈的经营业态已经从单一的轻纺扩大到皮具、电子、小商品、服饰纺织品等，大多业态单一独立经营，形成了错落有致、错位经营的批发、零售市场。如今，商圈的整体商业气氛已经慢慢成熟。

全国第一条跨省市轨交——11号线

地铁作为高效便捷、永不堵车的代名词，已经成为人们日常出行的主要交通方式之一，长三角多地轨交网络四通八达，坐着地铁跨省旅行的梦想首次在嘉定新城实现。2010年，上海轨交11号线花桥段延伸项目动工。2013年10月16日，被誉为生命线的轨道交通11号线北段工程（花桥）正式开通，再次开启嘉定速度的新时代，从此，上海市区到花桥只需半个多小时。11号线是全国首例跨省市轨道交通，也是世界上最长的贯通运营的地铁线路。从此，轨交11号线花桥延伸段的建成在中国地铁交通史上具有里程碑意义，从此，城市轨交不再限于一个城市内，上海到苏州只需要一张地铁票，11号线成为昆山花桥与上海中心城区之间的一条便捷交通干线，同时也成为长三角区域交通一体化发展的成功样本。

11 号线延伸段工程总投资近 17 亿元，东起上海安亭站，西至昆山花桥站，全长约 6 公里，均为高架线，设 3 座高架车站，分别为兆丰路站、光明路站、花桥站，并增购车辆 6 列。同时，延伸段工程还将纳入苏州市城市轨道交通网规划中，与规划中的苏州轨交 S1 线进行衔接，以推动苏沪区域交通一体化进程。苏州轨交 S1 线全长 41.25 公里，是苏州首条市域轨道交通线路。整条线路西起苏州工业园区唯亭站，终点设于上海轨道交通 11 号线昆山花桥站，该线是长三角一体化基础设施互联互通的示范工程。根据规划，苏州轨交 S1 线将于 2023 年底开通试运营。这个项目将对深化沪苏两地的交流合作、助力双城经济圈建设有着重大的意义，更好融入上海"一小时经济圈"、长三角"一小时通勤圈"。

乘坐 11 号线，可以体验到魔都里的都市慢生活，安亭老街的建筑内敛而有气度，古漪园里绿竹猗猗，建筑典雅；可以观看到赛车场上的顶级视觉盛宴，上海赛车场除了举办 F1 大赛以外，还有卡丁车场、航模竞技场、高尔夫球场、马场、风洞、ATV 越野赛道以及待建的驾驶体验中心等各种高端娱乐休闲设施；可以领略苏州园林美景，由花桥站下车，换成一列公交，便可抵达拥有上千年历史文化的古镇——锦溪古镇，爱五保湖中若隐若现的陈妃水冢，爱古莲寺内风铃悦耳的文昌阁，爱蛟龙卧波的十眼长桥，爱孝宗御赐金匾的通神御院，更爱古莲寺内的罗汉古松。相传这些都是南宋时的遗物。在花桥地铁站换乘公交，便能抵达周庄，"上有天堂，下有苏杭，中间有个周庄"，周庄有着天下第一水乡的美誉；来到一座城市，一定要去看

轨道交通 11 号线

看它的大学和图书馆,那是一座城市的尊严。地铁 11 号线到交通大学站,便可直接抵达交大。走在校园里,看看莘莘学子洋溢着青春的笑脸,便是再美不过的风景线。11 号线直达童话的城堡——迪士尼乐园,这也是全国十大最美地铁站之一,11 号线每天上午和下午会不定时出现布满唐老鸭、米老鼠、玲娜贝儿等迪士尼卡通形象的车厢,每天都会有来自长三角乃至全国、全世界的人们来体验地铁里的这份惊喜。

上海第一条智能道路

位于嘉定的国家智能网联汽车(上海)试点示范区封闭测试区,是全球范围内功能场景最多、DSRC 和 LTE-V 等 V2X 通讯技术最丰富的封闭测试区,测试内容涵盖安全、效率、信息、新能源汽车等四大类关键技术。

2016 年 6 月,国家智能网联汽车(上海)试点示范区封闭测试区开园,加之汽车博览公园和同济大学嘉定校区,总面积 5 平方公里的智能网联汽车试点示范区一期项目宣告建成。按照分工,同济大学进行最前沿的基础研究,封闭测试区承担产品技术验证的职责,汽车博览公园则发挥体验展示的作用。好比科技成果产业化中至为关键的中试阶段,面积约 2 平方公里的封闭测试区扮演着打通"关键一公里"的重要角色。开园以来,国家智能网联汽车(上海)试点示范区封闭测试区几乎天天有企业签到,其中既有上汽、通用、沃尔沃、宝马、

上海市智能网联汽车道路测试第一批发车仪式

博世等汽车整车和零部件厂商，也有蔚来、乐视、百度等加入造车运动的互联网新贵。

  智能网联汽车是个新生事物，众多厂商机构纷涌而上的背后，技术标准缺失是不可回避的现实瓶颈。为此，嘉定发布了智能网联汽车"四步走"战略：第一阶段在5平方公里范围内布局约200辆测试车辆和15公里封闭道路，模拟智能网联汽车在"高速+城市+乡村"的试跑状况；第二阶段在汽车城核心区博园路、墨玉南路等36个模拟交通场景内，实现1000辆车在27平方公里内的73公里道路上实测；第三阶段开始典型城市综合示范区试验，将有5000辆车在100平方公里范围内试跑，成为全国区域性智能网联汽车标准化产业基地；最后一步是在安亭到虹桥枢纽之间建设 2 条共享走廊，将 2 个区域连接起来形成闭环，10000 辆车在约 500 公里的示范道路上行驶，并形成初具规模的智能网联汽车产业集群。

尽管走在封闭测试区内很难察觉到这里的与众不同。然而，与普通交通道路不同的是，这里几乎处处都有"机关"。封闭测试区可用于测试的道路总长 3.6 公里，有普通道路、隧道、加油站、地下停车场等约 30 种模拟交通场景。司机开车时最怕旁边窜出行人。而在封闭测试区内的不少车辆，由于安装了智能摄像头，加之园区内各种信息设施配合，最快 100 毫秒内就能自动启动制动系统。与普通道路相比，测试区内遍布信息设备，这为车与车之间、车与道路设施之间、车与人之间提供了"对话"的渠道，智能网联汽车可以根据接收到的实时信息作出及时合理的反应。

2017 年，示范区在安亭新镇、汽车·创新港、汽车城大厦等区域安装设备，安驰路上的 20 盏路灯上安装了显示屏、摄像头、路侧单元和 WiFi 设备，这也是全上海第一条智能道路。

《上海市智能网联汽车产业创新工程实施方案》中明确提出，将打造嘉定、浦东两大核心产业基地。其中，嘉定发挥现有汽车产业基础，进一步部署智能网联汽车相关研发、制造及集成创新环节，深入推进国家智能网联汽车（上海）试点示范区建设，努力将嘉定建成智能网联汽车集成创新及应用示范区。为此，示范区成立了智能网联汽车产业技术联合创新中心，交通部公路科学研究院、上汽集团、清华大学、华为等成为首批 60 家发起单位。此外，智能网联汽车标准规范测试与研究基地也已落地,将成为制定中国智能网联汽车标准规范的承载主体,推动相关产品和技术标准走向成熟。

"嘉定将致力于建成中国智能网联汽车先进技术研发、标准规范研究制定和产品技术检测认证的主要基地。"开园之初,上海国际汽车城(集团)有限公司董事长、总经理荣文伟的一番话,道出了国家智能网联汽车(上海)试点示范区的历史使命。

"最美人工湖"——远香湖

远香湖是上海西部最大的人工湖,是嘉定新城的核心景观。"远香湖"一名取自宋代周敦颐的《爱莲说》:"予独爱莲之出淤泥而不染,濯清涟而不妖,中通外直,不蔓不枝,香远益清,亭亭净植,可远观而不可亵玩焉。"远香湖的意境与嘉定新城"千米一湖,百米一林,河湖相连,荷香满城"规划格局相符。

远香湖湖面形状宛如一个上海的"海"字,形态以"海"字为意象。远香湖与嘉定新城中轴西端的 F1 赛车场相对,分布于中轴两侧,赛车场赛道呈"上"字形态。从高空俯瞰,"上""海"两字遥相呼应。F1 赛车场给人以速度、酷炫、潮流的感受,而远香湖则给人以静谧、生机、朝气的体验,正是在这一动一静之间,将嘉定新城的古韵与新貌体现得淋漓尽致。

远香湖由世博会设计者之一、世界知名的荷兰 NITA 公司设计,水体面积 35 公顷,整个湖面被分成错落有致的大小湖区,以远香湖为核心,荷香潭、绿竹池等 17 个湖泊交相串联,宛如一颗颗晶莹的珍珠镶嵌在新城之中,湖湖相串,湖中有湖,湖中有岛,重重似画,曲曲如屏。湖面绿波荡漾,荷苞绽放,时有蜻蜓立在荷花上,不禁让人想起"小荷才露尖尖角,早有蜻蜓立上头"的诗情画意。湖心土坡

幸福就在家门口　97

远香湖鸟瞰图

上的一大片竹林，远远便能看见。鹅卵石的沿湖小道、玻璃水磨石的动感走廊、花岗岩的静谧走廊，都让人觉得美不胜收。走在湖堤上，柔风拂着脸庞，人就像在水上漫步，每走一步，便会邂逅一幅别具匠心的风景画。"江南可采莲，莲叶何田田，鱼戏莲叶间，鱼戏莲叶东，鱼戏莲叶西，鱼戏莲叶南，鱼戏莲叶北"，湖里的鱼儿在荷叶间嬉戏，湖中盛开的荷花在风中婷婷袅袅，宛若一位仙子。远香湖与保利剧院景观水池连为一体，湖光与湖畔的保利大剧院交相辉映达到和谐统一的效果。在光线柔和、水面平静时，保利大剧院会在湖面上形成完美的倒影。

2021年，结合打造"城市会客厅"的需求，嘉定区启动远香湖品质提升工程，在环湖区域打造投影游戏广场、互动儿童天地、空中步道、星光岛、水杉雾森、浪漫花海、光影银杏大道、亲水栈道、文化投影长廊等8大特色景点，形成一个文化艺术结合市民参与的综合性生态公园，为市民提供更多更优质的活动空间和场所。

远香湖就像一幅丹青画卷，画卷徐徐展开，荷香潭、绿竹池……一个个景观设计犹如一行在宣纸上缓缓散开的墨花。每每观之，印象中的嘉定古城意境便与眼前的嘉定新城景色有了重叠呼应。一串串古韵清雅的地名，提醒着居住者这片土地的文化价值。

"上海颜值最高的图书馆"——嘉定图书馆

一座图书馆，书香一座城，位于嘉定新城核心区的嘉定图书馆是马达思班建筑事务所的得意之作，曾被美国权威设计杂志评选为2013年"全球最佳公共图书馆"，打败了纽约图书馆斯泰普顿分馆、墨西哥 Jaime García Terrés 纪念图书馆和加拿大康维尔社区图书馆，被上海市民称为"上海颜值最高的图书馆"。

嘉定图书馆背靠嘉定文化馆，毗邻保利大剧院。建筑面积1.6万平方米，设计藏书60万册，阅览座席981个，建筑沿袭江南书院风格，屋顶形似打开的书籍，将古朴风韵与现代气质完美融合。充分体

嘉定图书馆

现了"古朴风韵与现代气质相融合"的城市特点，山水园林的概念置入到建筑中，形成了可读、可学、可赏的空间布局。馆内设置运用暖色调的木质天花、墙面以及阅读桌面，别具中式风格的和谐意境，透露出婉约细腻的中国人文精神。

从高处看，图书馆顶部像一本本翻开的书籍，严谨肃穆；外立面淡雅古朴的弧形砖窑与现代建筑的玻璃幕墙相得益彰，将古朴风韵与现代气质完美融合。大量绿植盆景相伴，江南文化的气息与现代的风貌相互并进。"外墙的砖是经过窑变后才形成了这样错落有致的色彩。"

在进入图书馆大厅之前，必须先提一提门口两侧的两个小建筑。北侧是一个 24 小时无人值守自助图书室，大约有两个教室那么大，这里有热门图书 3 万册，每周不断更新。南侧有一个小小的但十分温馨的咖啡馆，看书累了，可以在这里喝上一杯醇香的咖啡，或者来份简餐。

走入大厅，除了当中一长排座椅，其余大部分空间留白，使人感觉视野开阔。视线尽头，透明玻璃的另一侧，则是绿色的竹子小景，清新雅致。任谁来到这个空间，都会有想拍照的冲动。

图书馆三面围合中间有个连廊，长廊下有水，水中优美建筑的倒影更显妩媚。院子内有清新雅致的竹子小景，透过窗户能看到金黄的银杏树，看书的间隙，看看窗外欣赏景色还能休息一下疲劳的眼睛。

进大厅右转，可以看到一间视障阅览室，是专门为盲人设置的。再往里走，一个色彩鲜艳的儿童滑梯游乐设施跃入眼帘，这里是"少年儿童图书馆"，色彩风格变成了浅色的、暖暖的，梁柱也变成了"大树"，这里书架设计得矮一些，方便小朋友取阅。还有圆柱形、当中挖有一个个小圆孔的特制"报刊筒"，富有童趣，中间摆放着几台电脑。另一间"亲子阅览室"则是专供小小孩和家长共读的空间，有许多绘本供大家取阅，桌椅也更可爱，淡淡的粉色、蓝色、绿色……五彩缤纷，还有少量的益智玩具。每个周末，这儿都会举办故事会，邀请爸爸妈妈或者幼儿园老师担任志愿者，为学前儿童讲故事，培养孩子的阅读习惯。每次故事会预约信息一经发出，常常不到半小时就会宣告满额。

到了周末和假期，这里就成了孩子们的新天地。在图书馆的少儿图书馆处，专门设置了推荐好书，从地情资料书籍到红色文化书籍到科普系列书籍，还有专业的志愿者在一旁给予耐心的服务。来来往往的小读者们凭借一张电子学生证或者是少儿读者证，就可以把15本图书带回家，坐在家中享受休闲时光里的"书式"慢生活。

和很多图书馆一样，这里设有电子阅览室、普通文献借阅区等，主题展览、各种文化活动和演出精彩纷呈，而且都是免费的，读者只需通过网上平台预约即可，全馆WiFi覆盖，借阅系统与全市其他图书馆都是联网的。

据说，嘉定图书馆早就俘获了一大批追随者。有人为了它，特意在附近买房；有人甘愿自己带书带电脑，只是为了享受这里美好的氛围；有人白天来看书，晚上在隔壁的大剧院看电影，白天黑夜都泡在这里还舍不得走。

"不关门的剧场"——上海保利大剧院

与图书馆遥望的上海保利大剧院,位于嘉定新城远香湖畔。这是国内首家拥有水景剧场的剧院,由1995年普利兹克建筑大奖得主、日本建筑师安藤忠雄担当主创设计师,历时5年建成,安藤将上海保利大剧院称之为他在中国"所设计作品的最好体现"。剧院于2014年9月30日举办开业演出,10月1日正式投入运营。这座现代化剧院的建成,为有着近800年人文积淀的嘉定,新添了一座方便嘉定及周边地区市民欣赏现代艺术的殿堂。

安藤忠雄的设计极具鲜明特征,他擅以清水混凝土打造质简纯净的空间,被誉为"清水混凝土诗人"。保利大剧院运用清水混凝土的面积达到3万多平方米,清水混凝土还原了建筑本真,周身笼罩的玻璃幕墙为厚重的主体增添了通透之感。清水混凝土结构一次成型,不剔凿修补、不抹灰,减少了大量建筑垃圾的同时,还避免了抹灰开裂、空鼓甚至脱落的质量隐患,也使得维护费用大大降低。

上海保利大剧院建筑中水、风、光等自然元素在简单的几何空间中交融并织,幻变出光影层次。作为安藤忠雄在中国设计的首座大型文化设施项目,上海保利大剧院揉汇了国际尖端建筑潮流与传统人文美学精神,营造出一个自然、建筑、艺术、人类彼此和谐相容、自在

自然、建筑、艺术、人类彼此相容、自在对话的上海保利大剧院

对话的公共艺术交流空间。白天，剧院是一个载体，在天光变幻下以蓝天白云为饰，映射出周边的水景。夜晚，又用灯光勾勒出剧院的轮廓，尽显华美。吸纳与释放间，充满了迷人的表现力。

保利剧院整体呈规则长方体形状，整幢建筑外方内圆，三个圆形管道斜向穿插一个四方的合子形成空间的变化，每一个灰色幕墙雕出了或圆形或心形的镂空圆筒，这正是日本建筑大师安藤忠雄独具匠心的设计。安藤忠雄最为钟爱的素面朝天清水混凝土搭配剧院内部的金黄原木，通过材料的区分在色彩上形成了对比。在清水混凝土构成的立方盒子中，原木构件以正圆、三角、曲线等多种几何形态搭配出现。在这些圆筒、曲线、几何变换的建筑中，暗藏了很多观众通道，整栋建筑是如同"万花筒"一般错综复杂的几何结构。在清水混凝土构成的立方盒子中，原木构件以正圆、三角、曲线等多种几何形态搭配出现，很大程度上吸引了观者的眼球。大多曲线构件不但形体复杂而且长度很长，这在一定程度上也加大了建筑的建设难度。

观众拾级而上，犹如进入一个万花筒。走到尽头，便是大剧院的耀眼舞台。在文化万花筒里，可以看到千万种不同。内部由四个穿插交错的圆筒分割，简单的几何体构成建筑基础的框架与动线。不同平面相交有了丰富的线条，粗野的混凝土平面加上柔和木质曲面，有了质感的对比。最终形成了形态的对比、空间的对比、材质的对比。

总建筑面积5.6万平方米的保利大剧院，主要功能配置包括一个1466座剧院和一个400座的多功能厅，能满足舞剧、话剧、综合文艺演出及其他现代剧目演出的需要。整幢建筑追求建筑光影的自然效果，崇尚纯正几何图形而闻名，这种建筑与水、风、光等元素结合相依成趣的美感，与保利大剧院清新高雅的风格如出一辙。

简单的混凝土、简洁的玻璃幕墙，精致考究的细节，构筑了一个完美、丰富、灵动的诗意世界。混凝土粗犷、刚毅、冷峻，木纹细致、柔和、温暖；外部棱角分明，内部圆融博大，立与破之间，刚柔并济、张弛有度，带给观者不断探索的趣味。自然元素被导入到了建筑之中，拥有水景剧场的剧院，自然元素在水景的映衬下被进一步的放大与体现，人、建筑、自然，恰好达到了一种融合的最佳状态。

安藤忠雄尤为注重都市公共空间的个性。他将水景融入设计，使保利剧院成为上海首座水景剧院。圆柱形体量与建筑外立面相交的断面是建筑与周围环境互融的窗口，利用阶梯、步道建立多层次的观景平台面向自然敞开，表达了他开放的都市观。从建筑内的不同角度可以欣赏到不同的风景。公共空间中水、风、光等自然元素与私密建筑互相渗透，产生了奇妙的活力。

除了大剧场和小剧场两个专业剧场外，上海保利大剧院还在一层和顶层设置了两个半室外剧场："水上舞台"和"屋顶剧院"；另外，剧院建筑中还有一些面积较大的半室外广场，意在打造一个"不关门的剧场"。

美国建筑评论家亨利·普朗莫曾这样评价安藤的建筑风格："华美的贫乏、空虚的盈满、开放的围蔽、柔和的坚硬、半透明的不透明、发光的实体、光亮的黑暗、模糊的清晰、浩瀚的荒僻。"这或许也是对保利大剧院最好的注释。

作为一个半开放的建筑,能很明显地感受到这是一个"让市民可以亲密接触的专业剧院",室内外的景观区别分明但又衔接自然,这也是很多文化类建筑所不具备的。如今,在远香湖边,安静地读一本书,或是全身心投入地聆听一次音乐会,已成了嘉定人的生活新风尚。

F1赛车场：车轮上的视觉饕餮

上海国际赛车场是上海国际汽车城营造汽车文化的重要组成部分，位于嘉定区安亭镇东北，距安亭镇中心约7公里。东至漳浦河，西至松鹤路、东环路，南至宝安公路，北至规划中的郊区环线高速公路，总面积约5.3平方公里。赛车场赛道总长度7公里左右（包括备用赛道长度），由一级方程式（F1）赛道和其他类型赛道组成。一级方程式赛道单圈长度为5.451公里，宽度12至18米。上海国际赛车场由著名的德国赛道设计师赫曼·蒂尔克设计，其设计创意来自中文的"上"字。赛车场于2002年10月动工，2004年6月竣工，总面积5.3平方千米，可容纳20万人。2004年，世界三大赛车赛事之一的F1赛事落户嘉定，嘉定速度享誉全球。

车轮上的视觉饕餮

上海国际赛车场由赛车场区、商业博览区、文化娱乐区和发展预留区组成，其中赛车场区主要包括赛道、赛场指挥中心、医疗急救中心、新闻中心、安检中心、赛车改装中心、赛车维修区、看台设施、赛车防护设施、直升机停机坪、燃油供应站、油库、赛车学校、停车场等。商业博览区拥有大型购物中心和赛车博览馆。文化娱乐区建有各种文化娱乐设施，有健身运动设施、电影院、舞厅、酒吧、高级酒店、宾馆等。发展预留区为进一步拓展作储备用地。

赛道整体造型犹如一个翩翩起舞的"上"字。它既有利于大马力引擎发挥的高速赛道，又具有挑战性、充分体现车手技术的弯道。除了部分与F1赛事共用外，还可以举办各类不同的赛事(举办其他赛事时赛道图略有变化)。赛车场设计看台规模约20万人，其中带顶篷的固定看台约有5万个座位，其余为坡型露天看台。

目前，上海国际赛道举办过的赛事有：世界一级方程式锦标赛(F1)，世界杯汽车大奖赛(A1)，世界摩托车大奖赛(Moto GP)，全国房车锦标赛(CTCC)，中国方程式公开赛(CFO)等，以及各种表演赛。

赛车场的交通十分便捷，东有沪嘉高速公路和嘉金高速公路，西接嘉黄公路，南连宝安公路及沪宁高速公路；北有与赛车场同期建成的郊区环线高速公路。赛车场距虹桥国际机场约25公里，距浦东国际机场约55公里。举办大赛期间，通过上述交通网络即可将赛车场与上海市中心、江苏省及浙江省相连，进而辐射到整个长江三角洲乃至全国。

F1 赛车场

智慧医院建设：守护生命，以爱为名

嘉定新城正在国际化大都市上海崛起，医疗卫生服务是新城建设中最重要的民生工程之一，嘉定新城有4家三甲医院、3家社区卫生服务中心，为嘉定引入高水平、国际化的医疗资源，并且正在筹建上海市中医药大学附属嘉定区中医医院。为进一步完善新城各类公共服务设施配置，促进形成整合型、一体化、连续性的医疗服务体系的建

瑞金医院北院

设，提升人民群众的获得感，一批显示度高、获得感明显的医疗卫生工程集中开工。

自从2012年落户嘉定以来，瑞金医院与嘉定区政府紧密合作，以瑞金优质医疗资源解决郊区老百姓看病难，结束了嘉定区内没有三级医院的历史。瑞金医院以优质医疗资源守护嘉定及周边长三角地区的百姓健康。2020年9月，瑞金医院北院与肿瘤（质子）中心结联为瑞金医院北部院区一同并入瑞金医院，从而实现瑞金医院"单体多院区"运行模式，此次二期工程的启动将助力瑞金医院更高质量发展，满足嘉定新城建设综合性节点城市的医疗健康需求，通过医教研与"传帮带"，让百姓切实感受到健康获得感、幸福感、安全感。

2021年开工的瑞金医院北部院区二期扩建工程项目位于国家首批试点健康城市——嘉定新城的瑞金医院北部院区一期东面，为同期开工的各大医院项目中单体最大项目，新建总建筑面积136807平方米，设置床位600张，总投资概算13.67亿元。

瑞金医院北部院区二期项目的建设将为瑞金医院建设成为亚洲一流的示范性医院注入新动力，一是依托瑞金医院质子（肿瘤）中心，打造多学科联合的以临床试验、大数据与智能化为核心的一流肿瘤医学中心。二是针对嘉定新城是沪宁发展轴上的枢纽节点，创伤高发的实际情况，建设特色鲜明的创伤诊疗中心、专业高效的危重症救治中心。三是依托瑞金医院学科优势，打造全球领先的心脏医学中心和节点城市的妇幼医学中心。

建成后的瑞金医院北部院区将融合瑞金质子（肿瘤）中心的功能

特点，打造肿瘤医学中心、创伤诊疗中心、危重症救治中心、心脏医学中心、妇幼医学中心等五大中心，并运用"互联网＋""物联网＋"等技术打造一所"智慧医院"，实现完全垂直化管理、一体化运营、同质化医疗的单体多院区运行模式，在原有基础上积极拓展紧密型医联体、专科医联体合作，推动区域医疗健康服务能力进一步提升，满足嘉定新城建设综合性节点城市的医疗健康需求，已在将北部院区打造成"嘉定家门口的瑞金医院"的基础上，进一步增强嘉定新城在长三角一体化发展中的集聚辐射能力。

教化嘉定：办学精神之树结出硕果

"打造充盈善意与温度的品质公共服务"是《中共嘉定区委关于贯彻十一届市委十一次全会精神全面提升嘉定城市软实力的实施意见》的重要内容。《意见》明确指出，要加快引入和推进一批引领性教育项目，打造一批示范性学区集团和新优质特色学校，构筑与中心

嘉定一中

城区教学水平相比肩的教育体系，让孩子在家门口就能享受优质教育。教育的重要性不言而喻，尤其是基础教育，越来越受到全社会的关注。嘉定区委书记陆方舟介绍，"展望上海'十四五'规划，嘉定新城将按照'产城融合、功能完备、职住平衡、生态宜居、交通便利'的要求，全力做强世界级汽车产业中心核心承载区、上海科创中心重要承载区、长三角综合性节点以及新城辐射带动'四项核心功能'。实现这些目标，关键靠人才，基础在教育"。"十四五"时期，嘉定教育将秉承"传承、开放、创新、赋能"理念，注重优质资源引进与融合，以多元合作模式，加大优质教育资源引入力度，激发本土教育品牌潜力，让学生在大学文化中浸润，帮助每一所学校、每一位老师、每一位校长、每一位学生实现梦想。

"十四五"期间，嘉定将打造有质量、有温度、充满创新活力的品质教育。嘉定将加大优质教育引入，与上海交通大学、同济大学、上海大学、华东师范大学、上海师范大学等高校建立5个基础教育集团。新建48所学校，其中包括24所幼儿园、8所小学、9所初中、2所高中、5所9年一贯制学校。

嘉定教育质量的提升，是一个长期的过程，需要不断"赋能"。嘉定教育的软实力与"创新活力充沛、融合发展充分、人文魅力充足"的现代化新型城市定位相关，和"传承教化之风、镕铸品质教育"的追求有关，与教化嘉定的人文魅力、创新活力和文化融合力息息相关，教育的软实力不仅仅体现在数量上，更体现在质量上。在嘉定教育部门看来，"赋能"就是要充分利用好高校资源，让嘉定的学

同济附小

校全面融入大学的优秀文化,感染大学的学术品味。突破基础教育与高等教育间的屏障,在学术、文化、人才、创意等方面对中小学生进行潜移默化的影响,从而培养出更加优秀的人才。

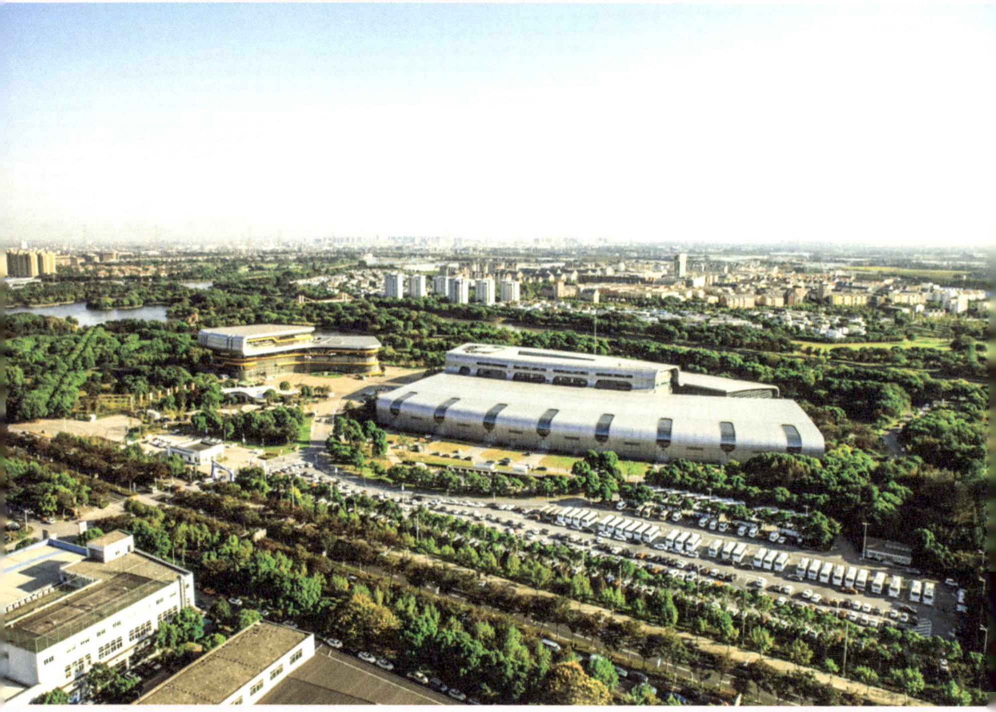

守正创新 有"融"乃强

"家"定新城

国际汽车城：人车城的完美融合

新城里的"中国芯"

我嘉·邻里中心

智慧汽车激起"一池春水"

嘉定氢能港扬帆起航

嘉定"亚洲一号"：你的快递从这里发出

"家"定新城

人才,正在成为上海五大新城发展进程中争抢的首要资源。嘉定新城,如今开通了地铁,建起了高楼,城区道路宽敞整洁,绿化率高,环境优美。在硬件设施逐步完善的当下,嘉定新城推行"点对点"服务留住青年人才等措施,启动了新一轮旨在吸引人才落户嘉定的"人才战略"。

"筑巢引凤"引进人才

当前,嘉定新城正积极实施"全力打造世界级汽车产业中心、深入推进科创中心重要承载区建设以及共同建设嘉昆太协同创新核心圈"等重大战略任务,嘉定比历史上任何时期都更加渴求人才。为此,嘉定研究出台了《关于实施"双高"人才计划,加快推进科创中心重要承载区建设的若干意见》《嘉定区人才发展"十三五"规划》等文件,全面推进人才引进和培养工作,整体提升人才开发层次,努力构筑长三角综合性节点城市。为了让人才安心扎根嘉定,嘉定区、镇两级根据实际情况为人才解决落户等问题。

2022年,在斯凯孚(上海)汽车技术有限公司工作的Monica是上海市轴承设计与制造领域不可或缺的急需紧缺人才。但由于超龄，她多次未能如愿申办成功本市常住户口。得知这一问题后，嘉定区安亭镇人才办第一时间查阅相关人才政策，梳理后发现，根据市人社局《关于做好 2021 年度区域人才自主审批工作的通知》《上海市嘉定区特殊人才引进实施意见（试行）》文件精神，本市各区和重点区域可自主审批引进紧缺急需人才。Monica 被认定为目前上海市轴承设计与制造领域不可或缺的急需紧缺人才，符合相关条件。最终，嘉定区经委、嘉定区人力资源和社会保障局和安亭镇共同根据特殊人才认定标准，最终受理了斯凯孚（上海）汽车技术有限公司引进特殊人才的申报，顺利帮助在多方合力下，斯凯孚（上海）汽车技术有限公司成功引进 Monica 为特殊人才落户上海。一条面向紧缺急需人才的"落户路"终于走通。未来，这些"智慧大脑"将化为区域增长的新动能。

"固巢留凤"留住人才

在人才战略布局中，共青团组织承担起了"留住青年人才"的重责。2013 年以来，团嘉定区委启动了"零距离·万名青年凝聚工程"，重点针对高端青年领军人才、优秀大学毕业生和普通青年人才设计推出 3 大项"点对点"的"留人方案"，培养选拔领军人才，吸引优秀大学生"回嘉"。

刘光是中科院上海光机所研究员，同时还是国家"青年千人计划"专家。"千人计划""青年千人计划"专家是全国各地各类开发区、高新技术园区、工业园争抢的焦点,在这两项高级别的人才计划中,专家们无论是创业还是融资,都能享受到特别优惠。各地为争抢这类人才,高招频出。刘军和他所在的团队就是被争夺的"香饽饽",除嘉定外,他们还受到过上海其他区县以及外省城市的邀请。多番斟酌之后,刘军认为嘉定平台好,决定留在嘉定发展。他所说的平台被称作"嘉定青年领军人才培养服务"计划,是团嘉定区委专为高端青年领军人才设计的一项特殊服务,其中包括一系列培训课程、创业竞赛、创业导师一对一辅导、投资公司项目洽谈等。刘军最喜欢在这个平台上与投资人、企业家进行"碰撞",以弥补自身作为科研工作者的"先天弱势"——只会埋头研究顶尖技术,却不懂市场。

在嘉定,团区委每年都会向全国各大知名高校团委发去"邀请函",请嘉定籍优秀大学生"回嘉"实习,并邀请全国各地大学生"来嘉"进行暑期社会实践调研,实习和调研由嘉定团组织全程协调安排。这项工程被称为"青年人才回嘉行动",华东政法大学毕业生陆淼苗便是"回嘉"者之一。她原本已被上海移动公司录用,却在半道上被嘉定"截留",到上海新城发展有限公司负责招投标工作,"我去移动公司顶多是个普通员工,市区房子又贵,嘉定给的岗位既有发展前景,又有挑战性,所以我来了"。

"百年树人·才聚我嘉"

近年来,嘉定新城致力于打造人才集聚的"嘉定模式",让优秀

"带着爸爸去种田"系列活动

人才引得进、用得好、留得住。"人才林活动"是嘉定人才计划的一部分。2017年12月，嘉定精英人才俱乐部面向高层次人才发出了关于建设"嘉定人才林"公益行动的倡议书。该活动以"自愿、奉献、参与"为原则，倡议广大高层次人才积极认养树木、共建生态嘉定。2018年6月，嘉北郊野公园内欢聚休闲林区域90亩区块揭牌命名为"嘉定人才林"。2018年以来，每年金秋嘉定区都会在"嘉定人才林"举办形式多样的主题系列活动。

活动现场，高层次人才亲子家庭分组参与"秋收稻田课堂"和

"秋收游戏"等活动项目。"秋收稻田课堂"以"稻田"为主题,带领亲子家庭参与"识稻""割稻""打稻""脱粒"等一系列劳作活动,通过探寻稻米的历史由来、种植知识,让亲子家庭感受"秋收"乐趣。"秋收游戏"中还会设计"彩绘草帽""五谷丰登""田趣稻来"等多个游戏项目场景,引导亲子家庭感受亲子合作的乐趣。

丰收

国际汽车城：人车城的完美融合

汽车是 20 世纪最显著的工业文明象征。回望百年，嘉定的经济社会发展在车轮上一路向前，嘉定和汽车产业互相成就，"汽车基因"深植于嘉定的发展脉络。每当提起嘉定安亭，人们的第一反应总是将它与汽车挂钩——"汽车安亭"，汽车就是安亭的代名词。安亭，这个在嘉定版图上定位为"产城融合示范区"的战略要地，阔步迈开了"勇争一流"的新步伐。

嘉定汽车城鸟瞰图

政策先行先试，激活创新创业活力

安亭有着得天独厚的科研和产业基础，这里拥有嘉定超过90%的科研院所，60%左右的科技公共服务平台，以及分校院校。"安亭指数"已成为汽车企业创新的风向标。

安亭新镇位于沪宁高速以北，吴淞江以南，地处吴淞江、蕰藻浜的三江交汇之处。安亭新镇的建设，对上海乃至全国的住区建设产生了巨大的影响。安亭新镇是上海市新城镇建设中的"第一镇"，也是全国小城镇建设的样板。它通过"以人为本"的设计理念，高起点的规划、国际化艺术表现形式、现代化手段，将最大限度、最有效地满足不同层次人群的需求，并通过人性化人居服务体系的建立，实现构筑代表21世纪人类居住发展方向的理想家园的目标，对当前我国住区建设具有很好的借鉴意义。一方面，安亭新镇具有紧凑发展的空间布局，密度适中。整个新镇采用了与德国同步的国际一流的工艺技术和建筑材料，城镇中间的周围保留结构性的生态绿地。住宅依水而建，创造一种"镇在园中，园在镇中，水绿交融"的生态住区环境。另一方面，安亭新镇居住模式功能混合，完善的公共设施配套，使公共空间与居住空间完美融合，整个小区采用公寓楼、联排住宅、独立式住宅混合形式，创造多元化、混合功能的居住模式。此外，城镇内"丁"字形主干路错开交接的道路系统，减少了人行交通的影响，提高了行人的交通安全性。加上人性化的街道和广场空间，为安亭新镇的居民提供了一个舒适、安全的步行环境,新镇高品质的人居环境、高起点的人居服务等功能,与汽车城中的上海国际赛车场、汽车博物馆、高尔夫球场、上海汽车城、智慧医院、教育园区等设施,优势互补,互为依托。

持续探索,定义未来生活方式

今天,每一个到过安亭新镇的人,都会被具有浓厚德国风貌的新型小镇所感染,每一个居住在安亭新镇的居民,都会有一种发自内心的幸福感和自豪感。2017年安亭镇被国家命名为特色小镇,其中安亭新镇是核心组成部分,它被称为"上海唯一一个没人敢复制的项目"。

目前,安亭新镇拥有常住人口2万人,60%为汽车相关产业员工。未来安亭将通过持续引入人才来促进人口结构转型,并引入配套计划等方式加强产城融合对人的服务,让安亭更有活力。

自万科进驻安亭新镇以来,在"城市配套服务商"战略指导下,根据上海区域最新的"热带雨林"业务全景规划,开发涵盖住宅、社区商业、办公、长租公寓、教育、医养、选装加载等多种复合业态,成为上海万科"热带雨林"小镇样本,为安亭注入了新活力。目前,万科在安亭社区内部配备了约15万平方米城市级商业配套,先后建成文化空间"万科集"、社区办公"万创坊"、长租公寓"泊寓",引入星巴克、食集、7-11等品牌提供餐饮服务,携方所图书开设"方亭图书馆",联动小镇居民开设"万花筒剧院",为居民提供日常生活所需和丰富的文娱活动。体育公园、奥林匹克公园等公共空间的打造，亦为社群活动提供丰富场地。为此，上海万科又特别在安亭新镇引入旗下教育服务品牌"德英乐"与医养服务品牌"申养"，将对安亭新镇的教育与养老产生积极影响。

此外，安亭新镇还积极探索社区文化自治的美好实践。通过安亭风筝节、盛夏艺术季、啤酒音乐节、AT巾集、新年音乐会等众多社群活动，居民们可以一起享受丰富多彩的社区生活。安亭新镇把众多拥有共同兴趣的人汇聚在一起，共同参与小镇的社区文化建设，在各界的支持帮助与小镇居民的热情参与下，安亭新镇的产城融合之路将为安亭带来正能量。安亭新镇的内部生活配套也将进一步完善，居民生活更加安居乐业。产、城、人良性作用，带来安亭新镇的繁荣，最终促进人、车、城市之间的融合。

产城融合：关键是聚人留人

多年来，"产"强"城"弱一直是老牌汽车城——安亭的发展之"痛"。许多企业的高层次人才工作在安亭，但出于对教育、医疗、生活环境等因素的考虑，往往选择居住在上海市区，成了每天来回的"钟摆人"。上海大众实业有限公司总经理王晓峰，就曾因此而不得不面对每天近3个小时的通勤时间。随着孩子进入幼儿园，小学的选择进入了王晓峰的家庭议事日程。经过反复考察对比，一家人相中了同济附小。"人生不同阶段的选择，会有不同的考量因素，我现在考虑最多的肯定是家庭的综合幸福指数。"在商场摸爬滚打多年的王晓峰，早已把这本家庭账本算得清清楚楚：对孩子来说，同济教育集团的品牌加持，让他们吃了一颗定心丸；对家庭来说，周边的嘉亭荟、汽车博览公园等生活配套一应俱全、出行便利，更重要的是他能省出更多的亲子陪伴时间，"生活品质的提升是'肉眼可见'的"。

"只有留住更多高端人才，区域发展才能更有活力。"嘉定区规资局安亭管理所所长崔亚飞说，"'十四五'期间安亭镇的产城融合，将重点打造'中融、东进、西连、北拓、南优'的空间格局。其中，东部的环同济创智城是重要的战略机遇。安亭将以'科技策源地'思路高标准建设环同济创智城，以动迁腾地为先导逐步展开黄渡老镇旧城改造和国际社区建设，以黄歇公园为重点推动滨江人文生态绿地建设。实现高校知识外溢辐射、区校产学研联动和都市氛围打造的全面提升"。

打造交通便利、有效辐射的长三角一体化协同发展先导区，同样是安亭"十四五"期间"活力更强"的重要目标。目前，每天途经安亭北、安亭西的列车达到 27 趟，可直达江苏、浙江、安徽等长三角区域的 30 多个地区，长三角综合性节点城市的交通枢纽雏形初步形成。立足长三角一体化、嘉昆太协同，安亭将推动实现由铁路站点到区域交通枢纽、由边缘入口门户到区域功能服务枢纽的转变，提升安亭北站、西站枢纽功能定位，打造成为沪宁和沿海廊道衔接枢纽、嘉昆太一体化区域新交通中心和嘉定新城核心通勤枢纽。

作为智能网联汽车测试的"优选"之地，安亭镇基于信息技术的

京沪高铁绿廊

智慧建设早已给人留下深刻印象。未来,安亭镇将通过建成"1+N"数字政务系统、3—5家智能标杆工厂、2个智慧园区示范区、2个智联社区示范区、1套智慧交通系统等,使智慧城镇的高效便民功用更加深入地融进市民生活的方方面面。

对于安亭来说,以产业为基础,以汽车为主题,打造创新驱动、校(院)地联动的世界级汽车产业中心核心承载区是基础和关键,有了科创和产业的支撑,未来城市的发展才有动力和活力。而打造"汽车未来小镇",探索人、车、城市的融合,构建产业重镇、活力小镇、人文古镇和宜居新镇,则是归宿和落脚。安亭发展的目的就是要建设人人共享的"人民城市",实现"人、车、城"完美融合。

新城里的"中国芯"

芯片的应用范围非常广泛，上至事关国家发展的卫星雷达、航空航天，下到与百姓生活相关的医疗器械、汽车、手机，甚至在智能儿童玩具中都被大量应用，芯片还是物联网、互联网的核心。可以说，在未来很长一段时间里，芯片必将在国家战略中占有一席之地。

中国半导体产业经过多年的发展，至今仍存在产业结构与需求之间失配，核心集成电路的国产芯片占有率低的现象。倒逼之下，发展国产芯片成为全民共识。尽管国内半导体市场广阔、发展迅速，但在亮丽的增长数据背后，是半导体对外依赖程度高、自给率低下的"残酷"现实。目前，全球集成电路产业巨头主要分布在美国、韩国，突出代表是英特尔、高通、三星，而中国想要实现突破，核心技术、关键技术必须立足于自身。资本市场上，"中国芯"的表现同样引人注目。无论是寒武纪登陆科创板，还是中芯国际回归A股，对于上下游产业链的发展以及提升整体国产化能力，都将起到一定的正向促进作用。

中国在通信领域起步较晚，"2G空白、3G追赶、4G同步、希望5G力争引领"。根据上海提出的集成电路"一体两翼"空间布局，以浦东，特别是张江地区为主体，集聚集成电路设计业和制造业；临港重点集聚装备材料，再向奉贤、金山、松江方向延伸；嘉定重点集聚智能传感器、互联网芯片，同时向青浦、普陀和宝山方向延伸。嘉定也必然助力上海乃至中国，冲出5G时代的新天地。

2019年10月30日，上海智能传感器产业园正式揭牌；同年12月24日，产业园启动会暨重点项目签约仪式在嘉定工业区举行，32家企业签约入驻产业园，总投资额近250亿元，为智能传感器"中国芯"打造"大本营"。上海智能传感器产业园，是上海集成电路产业"一体两翼"布局的重要组成部分。

上海智能传感器产业园着眼于弥补智能传感器"中国芯"短板，重点聚焦智能硬件、智能驾驶、智能机器人、智慧医疗、智慧教育等应用领域，发展基于微电子机械系统（MEMS）半导体工艺，涵盖力、光、声、热、磁等类目的智能传感器产业。计划到2025年，嘉定以智能传感器芯片为核心的智能硬件相关产业产值将突破1000亿元。

按照规划，上海智能传感器产业园将构建多元集聚的产业生态布局，空间上呈"一核两区"。"一核两区"重点集聚智能传感器、汽车电子产业。"一核"，即嘉定北部智能传感器及智能硬件核心综合产业集聚区，以智能传感器产业为基础，物联网应用为导向，分设科研功能区、研发中试区、企业聚集区、产业发展区和应用示范区。"两区"，即徐行—菊园智能制造特色集聚区和安亭汽车电子特色产业集聚区，前者以工业控制为基础，智能制造与创新为导向，重点发展传感器和智能硬件产业，打造功能完善、适用于产业技术中试放大的综合园区；后者以汽车电子为基础，智慧驾驶与交通为导向，重点攻坚汽车智能化、网联化技术高地，全面覆盖汽车行业的研发设计、生产制造、运营维护和经营管理等关键业务环节。其中，安亭汽车电子特色产业集聚区以汽车电子为基础，智慧驾驶与交通为导向，重点攻坚汽车智能化、网联化的技术高地，打造专业工业 App，全面覆盖汽车行业的研发设计、生产制造、运营维护和经营管理等关键业务环节，助力汽车产业创新与变革。

嘉定区正在打造"万亿级"的汽车产业，面向低碳化、智能化、网联化、共享化持续推进。嘉定区经济委员会主任蔡宁表示，安亭汽车电子特色产业集聚区的规划正是以智能传感器产业为汽车产业提供新动能，助力汽车产业向智能网联化方向腾飞。"汽车产业也将为智能传感器产业在落地、市场化等方面提供有力支撑。这两个产业相互补充、相互促进"。

有了"芯"，如何使其强健起来？嘉定区已发布 39 条举措，通过顶层设计发力，推动智能传感器上、中、下全产业链健康发展。嘉定给予的政策支持的范围涵盖企业投融资、降低成本、研发创新、规模发展、人才集聚、合作交流六方面，企业从注册到项目落地再到后期发展的所有环节，均有优惠政策支持。

在支持企业降低成本方面，落户区内的智能传感器相关企业可优先享受供地、过渡厂房的支持；购买土地、厂房以及租赁厂房的相关企业可享受补贴；通过盘活存量土地用于发展传感器产业的，减免土地增容费。为扶持产业园的发展，2019 年，嘉定区政府发布《关于嘉定区进一步鼓励智能传感器产业发展的有关意见》。根据《意见》，对于落户嘉定区的智能传感器相关企业，购买区内土地用于生产、办公的，视其项目情况给予优惠地价，补贴最高1000万元；购买自用生产、办公用房的，按购置价的10%—30%给予一次性购置补贴，最高1000万元；租赁生产、办公用房的，三年内按租赁价格的50%—100%予以补贴，三年累计最高补贴1000万元。

在支持研发创新方面，嘉定区鼓励企业建立技术中心、研发中心、工程研究中心、联合实验室等技术研究机构，与高校、科研院开展产学研合作等可获得一次性奖励；企业在购买知识产权、设计研发工程首轮流片、工程样片测试验证等环节，也有相应扶持。2019年，嘉定区政府发布《关于嘉定区进一步鼓励智能传感器产业发展的有关意见》中，对智能传感器相关企业或机构开展智能传感器及智能硬件高端通用器件、关键设备、核心材料、先进工艺等技术研发和产品攻关，达到国际和国内先进水平或填补国内核心技术空白的重点技术研发项目，将按其研发投入的30%给予扶持，最高可补贴500万元。

对大多处于起步阶段的智能传感器企业而言，金融扶持是最为关键的一环。为此，嘉定将引导设立智能传感器产业发展专项扶持基金和产业投资基金，支持金融机构为智能传感器相关企业提供包括融资担保贴息、上市挂牌补贴、贷款贴息等金融服务，支持传感器企业投融资。

还有公共服务平台优先使用、紧缺人才和专业人才优先落户等一系列相关配套服务也被纳入扶持范围，全方位当好"店小二"，解决企业烦恼是嘉定的目标。为扶持产业园的发展，2019年，嘉定区政府发布《关于嘉定区进一步鼓励智能传感器产业发展的有关意见》。依托原有的制造业基础，嘉定区结合自身特点，将目光聚焦智能硬件、智能驾驶、智能机器人、智慧医疗、智慧教育等应用领域，发展基于MEMS半导体工艺，涵盖力、光、声、热、磁、环境等类目的智能传感器产业。嘉定发力智能传感器产业，将加速上海集成电路产业崛起的步伐。按照规划，到2025年，嘉定以智能传感器芯片为核心的智能硬件相关产业产值预计将突破千亿元，并将打造成上海、长三角乃至全国的传感器及智能硬件产业高地。

嘉定区经委副主任叶斌打过这样一个比方："智能传感器的体积很小，只有一元钱硬币的六分之一，但却是嘉定高质量发展的主攻方向，发展目标是力争到2025年突破1000亿产值。"一个千亿级的集成电路及物联网产业集群正在上海市嘉定区加速发展。近年来，嘉定承担着更大使命、实现更大作为，通过打造上海智能传感器产业园，进一步弥补智能传感器"中国芯"短板。

我嘉·邻里中心

为满足市民生活配套"一站式服务",打通服务群众的"最后一公里",为百姓提供更有温度、有品质、有特色的智慧服务,嘉定区按照"重心下移、科技支撑、三网融合"的建设思路,推进"15分钟社区综合服务圈"的生活服务、管理服务、企业服务三大平台建设。在街镇与村居之间的片区层面,依托"我嘉·邻里中心"为载体,建设集满足居民生活需要的助餐助老助残、文化娱乐、教育卫生等服务

南翔镇东社区我嘉·邻里中心

功能，精准便捷服务群众企业的社会保障、劳动就业、法律咨询、惠企政策等办事功能，协同高效的资源整合、力量下沉、跨前指挥、快速处置等管理功能相统一，"一网通办""一网统管""一网优服"三网融合的社区服务综合体，把"15分钟社区综合服务圈"建设成充满活力的区域党建平台、贴近群众需求的为民服务平台、多元主体共同参与的网格化管理平台，形成群众可及、"三网合一"的党建活力圈、生活服务圈和网格管理圈，打造成嘉定社会治理的一张靓丽名片。

2021年5月，嘉定首家"我嘉·邻里中心"在南翔设立。从看病取药、一日三餐，到文体活动、亲子培训，再到"一网通办""一网统管"……在这里，市民的各类生活需求，就是邻里中心需要"穿针引线"提供的软服务。我嘉餐厅、我嘉书房、中医馆、日间照料中心、"一网通办"综合服务点、共享办公、康养社等近20个社区服务项目，均已纳入邻里中心服务范畴。可以说，这是一个社区服务的"综合体"，是针对全年龄段人群、多维度解决居民社区生活中遇到的"最后一公里"问题的大平台。

助老家园：让老年人有所乐、有所养、有所依

我嘉·邻里中心不仅能为老年人提供预检、就医等服务，还为老年人搭建了"夕阳红"的平台，提供文化娱乐、日间休息、助餐等服务。今年88岁的陈飞霞曾是"新艺沪剧团"的沪剧演员，每天8点，她都会准时来到老人日间照料中心，玩连连看、画水彩画，唱唱歌、聊聊天……技痒时，还能和老伙伴们唱上几嗓子沪剧。"以前在家就是一个人，从天亮望到天黑。"陈飞霞说，"这里每天的活动都很丰富，很开心"。

通过数字化手段，老人们还可以在社区餐厅实现"靠脸吃饭"。午餐时分，一楼的食堂早已被周边社区的老年居民坐得满满当当。79岁的练俊德站在智能设备前扫一扫脸，就能实名享受就餐优惠，餐费可从预存费中直接扣除。练俊德告诉记者，这里餐品新鲜且品种多样，"我就住在附近，走过来也就十几分钟，每天中晚餐都包给了食堂。一天不超过40元，还不用自己买菜烧，十分方便"。

为了让老人"有所依"，邻里中心针对老人需求，专设政务服务站、卫生服务站等区域，尽量保障老人在预检、就医、吃饭等问题上没有后顾之忧。同时，邻里中心还会定期为居民开展义诊咨询、养生保健、运动健康、疾病管控等服务。

共享空间：年轻人的社区驿站

"我嘉·邻里中心"除了"医、食、养、育、商"等"规定动作"，还有不少"自选动作"。中心配备了专门的多功能会议室等办公区域、健身驿站以及特色厨房等，吸引年轻人回归社区。例如，江桥镇"我嘉·邻里中心"二层专设"我嘉小厨"、共享办公区、多功能会议室等。这些共享空间可以为周边白领、社区居民提供日常烹饪工具,制作美食、提供充电、办公场所。邻里中心的三层设有党群服务中心阿拉会客厅、市民健身驿站、劳动仲裁巡回庭。其中市民健身驿站还开设了瑜伽、肚皮舞及爵士舞等课程,放置体质测试、力量练习、有氧练习等相关设备。劳动仲裁巡回庭则可在当事人"家门口"开展调解、仲裁二合一的"一站式"劳动争议案件处理。中心紧紧围绕群众"急、难、愁、盼"问题,不断增强群众获得感、幸福感,用暖心服务凝聚邻里温情,让邻里中心真正"接地气""暖人心"。

亲子乐园:共享休闲时光

嘉定区"我嘉·邻里中心"在传承海派文化、增进亲子之间良性互动、指引居民树立正确的世界观、人生观、价值观等方面具有重要作用。例如,徐行镇"我嘉·邻里中心"的二层为创想空间,专设徐行草编的亲子互动活动,在传承弘扬国家级非物质文化遗产的同时增进了亲子间的互动,以手工体验的形式,吸引周边喜爱手工制品的村居民参与其中。

又如,2022年2月7日安亭汽车城社区"我嘉·邻里中心"全面启用后,周边居民迫不及待地来网红邻里中心"打卡"。一楼社区食堂的咖啡区有"会做咖啡的机器人",人气爆棚。居民只需要在屏幕上完成点单,一会工夫,机器手臂便会捧出一杯热腾腾的咖啡。二楼的VR赛车智能体验区让居民们恋恋不舍,挪不动脚,刚体验完"速度与激情"的孩子们又排队开始了下一轮体验。上海非遗——安亭药斑布也走进了邻里中心,以手工体验的方式,吸引着孩子们参与其中。

安亭汽车城社区"我嘉·邻里中心"共辐射周边5个新型小区、2个村及近百家大中小企业,服务周边常住人口约3万人。中心全面提供党群、政务、餐饮、为老、医疗、文体、亲子及空间共享等服务,实现了"三网"融合。服务覆盖全年龄段,针对青少年和老年人两类群体,特别营造"我嘉书房"亲子阅读区、童趣乐园、VR赛车智能体验区、便民小栈、老年人日间照料间等,充分利用折叠空间的共享功能,提供一系列贴心服务。值得一提的是,这里还集中展示了曾荣获"光荣在党50年"纪念章的老党员们的书画、手工作品。

未来5年,嘉定将计划建设66家"我嘉·邻里中心",进一步整合行政资源、撬动社会资源,拓展服务空间、服务功能和服务项目,力争公共资源配置效益最大化,使"我嘉·邻里中心"永葆创新活力。

智慧汽车激起"一池春水"

嘉定新城作为上海五大新城之一,"企业+科研机构+高校"的产业生态圈已经形成。汽车电子智能软硬件研发及应用企业、同济大学等高校和科研院所组成了强大的"智囊团",为智能汽车的发展提供了机遇。《上海市智能网联汽车产业创新工程实施方案》中明确提出,将打造嘉定、浦东两大核心产业基地。其中,嘉定将发挥现有汽车产业基础,进一步部署智能网联汽车相关研发、制造及集成创新环节,深入推进国家智能网联汽车(上海)试点示范区建设,努力将嘉定建成智能网联汽车集成创新及应用示范区。为此,示范区成立了智能网联汽车产业技术联合创新中心,交通部公路科学研究院、上汽集团、清华大学、华为等60家首批发起单位将联合提供技术支持。此外,智能网联汽车标准规范测试与研究基地也已落地,将成为制定中国智能网联汽车标准规范的承载主体,推动相关产品和技术标准走向成熟。新一轮规划建设的目标是发挥沪宁发展轴上的枢纽节点作用,建设国家智慧交通先导试验区,到2025年,嘉定将初步具备独立的综合性节点城市地位;到2035年,将把嘉定基本建成长三角城市群中的综合性节点城市,成为科技创新高地、智慧交通高地、融合发展高地、人文教化高地,成为具有较强辐射带动作用的上海新城样板。其中,"智慧驾驶"就是嘉定新城的"王牌"之一,也是嘉定新城与其他四个新城相比最大的特点之一。从第一辆上海牌轿车下线,到2001年上海国际汽车城的建设,再到拥有全国唯一的一条F1赛道;从获得国内首批智能网联汽车示范应用牌照,到全市首条无人驾驶开放测试道路,再到无人驾驶"网约车"亮相街头,嘉定这座国内知名的汽车城,已经逐步从"制造"向"智造"转型。

随着无人驾驶核心技术,如自动控制、体系结构、人工智能、视觉计算等方面的日渐成熟,未来市民们在嘉定新城将能体验到无人驾驶所带来的便利和舒适。同时,随着激光雷达技术的飞跃发展,无人驾驶技术的安全性也会大大提升。可以畅想一下,在未来嘉定新城的街头,市民们只需拿出手机轻轻点击几下,一辆无人驾驶汽车就会准

嘉定新城夜景

时到达您的面前,上车后您可以在车上忙工作、刷朋友圈或者是小憩片刻,之后就可以安全达到您的目的地。这既能够保障市民日常出行需要,又能够让市民在乘车过程中做自己想做的事情,节约了时间和成本,让"智慧的车"带给人们"智慧的生活"。

嘉定新城有"智联的路""智控的云""智能的车",有基于国家智能汽车大数据云控基础平台及5G基础设施等构建的智慧交通专网保障市民出行安全,未来将形成千亿级的智能网联汽车、智能传感器产业,嘉定市民开着嘉定生产的智能汽车率先畅行于安全快捷的智慧道路上不再是梦想。未来的嘉定新城将是一座"智慧的城",到2025年无人驾驶开放道路实现新城全域覆盖,智慧交通覆盖率达到100%,率先发布智慧交通"嘉定标准",智慧交通网络有望覆盖到长三角地区。"十四五"时期,嘉定新城要做引领未来出行方式转变的"国际汽车智慧城",实现"路""云""车""城"智能协同,让"聪明车跑上智慧路",成为国家智能网联交通先导试验区。

嘉定氢能港扬帆起航

　　氢是宇宙中分布最广泛的物质，它构成了宇宙质量的75%，是世界上最干净的二次能源。具有清洁环保、可再生特点的氢能，被视为全球最具发展潜力的清洁能源之一，是21世纪有世界能源舞台上举足轻重的能源，氢的制取、储存、运输、应用技术也将成为世界各国备受关注的焦点。国家明确将大力发展氢燃料汽车，到2030年全国将实现氢燃料电池汽车保有量200万辆的目标。发展氢能是我国能源转型和产业调整的重大战略方向，也是实现双碳目标的重要抓手。

嘉定氢能港

2001年成立的上燃动力位于上海嘉定区,是国内第一批布局氢燃料电池的企业之一。2018年2月,上海市首个氢能与燃料电池产业园落户嘉定安亭,成为嘉定氢能港的雏形。2019年6月,嘉定氢能港揭牌成立。

政府搭台,当好金牌"店小二"

安亭镇党委书记严健明表示,"营商环境就是生产力。环境好了,项目自然会来。环境不好,项目来了也会走"。优质项目的引进和培育,核心技术的突破与运用,背后是地区"店小二"式专业而周到的服务。政府要当好服务企业的金牌"店小二",做到有求必应、无事不扰。

捷氢科技的跳跃式发展就是一个实例。2021年5月,捷氢科技上海新园区投入运营,建成全球首条万台级"卷对卷"膜电极生产线。此前,安亭以"代建厂房"的特色服务,盘活园区闲置土地资源,为捷氢科技定建4.23万平方米厂房。从项目审批、方案制定到建成投产,原本需要2—3年才能完成的工程,9个月便交付使用,推动了捷氢科技提前投产,也为公司节约了初期成本。目前捷氢科技已启动上市流程,鉴于安亭镇在代建项目中给予的大力支持,公司优先给予安亭镇股权投资份额,为地方经济发展提供新增长点。

推出20条政策支持覆盖全产业链

除空间支持之外,嘉定围绕项目引进、企业培育、企业发展、科技创新、金融扶持、产业配套等六大方面,推出20条实实在在的支持举措,囊括投资落户、研发机构、功能平台、行业活动、加氢站建设、氢燃料电池汽车采买、人才支持等方面的政策细则。以产业规模、技术创新、示范运营、园区建设、体系构建、应用场景等方面为抓手,为氢能港未来五年的发展擘画壮阔蓝图,助推氢能产业快速发展。

在加大产业集聚方面,嘉定对新引进的内外资大项目、总部给予专项奖励,奖励资金最高可达千万元,并优先安排产业用地,提供购地、租房补贴等,鼓励优质企业落户。企业发展的过程中,嘉定优先支持企业扩产能,鼓励企业加大投资,全力支持企业整合上下游产业、并购高端品牌;优先推荐区内氢燃料电池汽车企业申报各级重大项目,足额配套扶持资金;支持区内企事业单位优先采购本区制造产品;推动氢燃料电池公交车的示范运营,并给予补贴。同时,嘉定还鼓励企业自主开展燃料电池电堆等关键材料研发和建立各级企业技术中心,给予发明专利成品销售奖励、专利授权维权资助以及一次性奖励等。

金融扶持对企业发展至关重要,为此,嘉定将引导设立氢燃料电池汽车专项基金,对股改上市的企业给予上市挂牌补贴,对为氢燃料电池汽车产业集群企业提供担保、融资租赁的企业提供补贴,全力健全金融服务体系。

相关的产业配套也被纳入政策扶持范围。建设加氢站可以获得补贴,紧缺人才和专业人才可以实现优先落户,租购房、就医、子女就学等均可获得各类支持；企业举办重大活动、拓展市场、建立产业联盟和行业组织，都能获得不同程度补贴；落户或积极招商引商的各类中介组织，也能受到奖励……嘉定以贴心服务支持氢能产业领军人才、核心团队在嘉定安居乐业，营造氢能产业人才发展新生态。

嘉定还支持区内企事业单位优先采购本区制造的产品，推动氢燃料电池公交车的示范运营并给予补贴，设立氢燃料电池汽车专项基金，向企业提供金融扶持。

筑巢引凤，充分发挥"虹吸效应"

嘉定氢能港依托同济大学嘉定校区得天独厚的科技优势，重点围绕氢能源与智能网联汽车两大新兴产业，致力于以汽车新四化为主攻方向，布局智能制造、科技研发、总部经济、商业商务四大核心功能模块。嘉定区的前瞻布局终于迎来厚积薄发。如今，在"双碳"目标指引下，上海氢能产业发展迎来腾飞，一系列利好政策让嘉定氢能港备受关注，一批大项目纷纷落地投产。两年多来，随着上汽捷氢、丰田汽车、长城汽车等一批行业头部企业陆续入场，在产业"虹吸效应"下，佛吉亚、堀场仪器、清能、轨道交通检测平台、瑞驱科技等一批国内外知名企业也进"港"落户。嘉定新城力争到2025年，引进氢能研发中心、重点实验室、检验检测平台等各类科研机构20个，汇聚国内外氢能创新创业人才近10000名，重点支持具有自主知识产权的关键核心技术实现产业化，实现科研成果转化项目落地30个。

"我们对比过多个城市，最后还是选择了上海，选择了嘉定氢能港。"上海氢鹏科技有限公司相关负责人说："我们看重的，正是这里的产业链、应用场景、营商环境、政策制度等优势。"他表示，希望依托政府这座的"桥梁"，上下游企业之间能够实现资源和技术的互补和融合，彼此赋能，共同发展。基本形成氢能"制、储、运、加、用"的完整产业生态，提升产业集聚度。

在加氢站建设方面，中石化旗下的氢麟（上海）能源科技有限公司在嘉定投建的2座加氢站，是长三角区域第一批先进的油氢合建站；嘉北郊野公园内也建成了国内首座商业化运营的加氢站。嘉定形成多模式加氢网络，成为长三角地区乃至全国布局最领先的区域之一。

在示范运营方面，上汽集团将参与科技部与联合国开发计划署"促进中国燃料电池汽车商业化发展项目"第三期，投入超过百辆燃料电池汽车运行。在研发制造方面，本次签约的上海捷氢科技有限公司，承载上汽"电动化战略"，其核心团队具有丰富的燃料电池电堆、燃料电池储氢系统、燃料电池系统等产品研发和工程服务能力，立志成为国内燃料电池相关的 Tier1 供应商，并立足嘉定，辐射长三角。

全市第一座，也是国内连续安全运营时间最长的加氢站也坐落在嘉定安亭。嘉定公交114路，6辆燃料电池城市客车已成为上海市示范运营线路。高校的研发力量与人才储备同样功不可没，2007年批复建设、位于同济大学的国家燃料电池汽车及动力系统工程技术研究中心，具备完整的燃料电池汽车及动力系统开发条件，拥有完善的燃料电池技术开发人才队伍。

2022年年初发布的《上海市氢能产业发展中长期规划（2022—2035年）》中指出，发展氢能产业，既是上海加快实现"双碳"目标的重要手段，也是抢抓绿色低碳新赛道、培育壮大新动能的重要选择。在上月底召开的长三角燃料电池汽车产业化发展研讨会上还透露，新一轮氢能源汽车扶持政策即将出台，或将涉及整个产业链，巩固上海氢能源汽车的全国领先地位。事实上，在氢能布局方面，早在2006年，上海就建设了全国第一座示范运营固定站嘉定安亭加氢站。截至2022年2月，嘉定氢能港已成为全国氢能行业中优势企业最集中、企业能级最大、人才数量最多的产业高地。

嘉定"亚洲一号":你的快递从这里发出

网上购物已经成为我们的主要购物方式之一,我们从京东购买的商品很有可能是从"亚洲一号"发出的。位于上海嘉定的"亚洲一号"是京东物流第一座高度自动化、系统性的超大型智能物流中心,统筹全局的"智能大脑"、减少包装耗材浪费的"精卫推荐"、自动化立体仓库、地狼仓、天狼仓、智能分拣机……"亚洲一号"智能物流中心正在发挥巨大效能,让供应链更"短",也在推动当地产业发展,实现消费、技术、基础设施的全面升级。嘉定"亚洲一号"已经成为京东物流在华东区业务发展的中流砥柱。作为京东物流的旗舰工程,成为"国家智能化仓储物流示范基地"。

2014年10月,嘉定"亚洲一号"正式投入使用。投入运行的一期定位为中件商品仓库,总建筑面积约为10万平方米,分为4个区域——立体库区、多层阁楼拣货区、生产作业区和出货分拣区。其中,"立体库区"库高24米,利用自动存取系统(AS/RS系统),实现自动化高密度储存和高速拣货能力;"多层阁楼拣货区"采用各种现代化设备,实现自动补货、快速拣货、多重复核手段、多层阁楼自动输送能力,实现京东SKU高密度存储和快速准确拣货和输送能力。无论是订单处理能力,还是自动化设备的综合匹配能力,"亚洲一号"

"亚洲一号"物流中心

无人仓都处于行业领先水平。

自 2015 年起,京东启动上海嘉定"亚洲一号"二期和三期工程的规划建设。其中,二期工程是面向京东服务的开放平台业务,为优质的客户提供良好的仓储服务。三期工程以高起点和高标准,成功建设打造全球首个全流程无人仓和无人分拣中心,成为多年来京东聚焦在智慧物流科技的结晶之一,无人仓的建设和运营经验引领京东物流在全国范围内无人技术的潮流。三期工程的另一亮点是作为京东集团旗下最新的奢侈品平台 toplife 建设的高端奢侈品库房。

2016 年 5 月 13 日,京东成立 X 事业部,致力于打造着眼未来的智慧物流系统。京东物流开放业务合作客户超过 6 万家,成为全球唯一拥有中小件、大件、冷链仓配一体化物流网络的电商企业。

京东上海嘉定"亚洲一号"物流基地,为京东华东区域仓储业务提供海量存储功能,针对每年高速增长的海量订单,面向华东客户消费者实现快速发货出库,提供了更优越的客户体验。

嘉定"亚洲一号"作为亚洲范围内 B2C 行业内建筑规模最大、自动化程度最高的现代化物流中心之一,完美调度了 AS/RS、输送线、分拣机、提升机等自动化设备,极大地支撑和推动了京东大平台的物流运营。

2022 年 3 月,位于嘉定的京东"亚洲一号"仓库被列入疫情通报名单,快递业务一度停摆。4 月 18 日,经有关部门批准,在严格落实相关防疫措施的前提下,"亚洲一号"按下"重启键",开始封闭式管理运作。针对物流配送问题,京东物流已在全国范围内招募并调集共计 3246 名分拣、快递小哥增援上海。截至 5 月底,京东物流已累计为上海运送包括米面粮油、药品、母婴用品等在内物资超过 15 万吨,从全国各地增派 5000 多名快递员、分拣员,建成 1620 个无接触社区保供站。截至 5 月底,京东物流在上海的单日散单揽收量和妥投量均已超过疫情前的峰值水平。2022 年的 618 大促期间,长三角地区特别是"重拾烟火气"的上海,其消费及供应链数据引人关注。6 月 18 日,京东对外公布的最新数据显示,大促期间,在全国 31 个省、直辖市、自治区购买力排名中,上海位居全国第 4 位,与去年排名相同。上海,还是我们为之骄傲的样子。

出发，驶向未来！

嘉定，古称疁城。疁，乃水草丰茂之意，清光绪《嘉定县志》中张允武将古疁城描写得十分生动："东冈如带绕吴疁，地接二槎碧玉流。惆怅不逢月明夜，女箫声里古城头。"古疁城遗址位于马陆村，据清嘉庆封导源《马陆里志》记载："嘉定城南十二里马陆村系古县治，道旁边有古庙遗迹，……今御渡桥为古南门，石冈门为古北门。"

古城嘉定，作为江南文化历史名城，素有"江南明珠"之美誉。自宋朝得名以来，距今已有800年历史。800年来，嘉定地区的人民汲霱云文化之精华，取滚滚长江之灵秀，蕴斯文江南之诗情，聚现代科技之智慧，以美学文化立意，以道德文化立身，以生态文化立城，以时尚文化立市。

这里有闻名中外的法华塔，还有"上海最美的图书馆"——嘉定图书馆；这里有享有"吴中第一"的孔庙，还有"不关门的剧场"——上海保利大剧院；这里有"最美人工湖"——远香湖，有绿竹猗猗的古漪园、汇龙潭，还有速度与激情并存的上海F1国际赛车场，这些都是为人熟知的嘉定名片。在这片充满文化底蕴的热土上，古贤今秀，代不乏人。现代与历史的交相辉映勾勒出嘉定的美好蓝图，一个个奇迹也正在此孕育而生。经过多年的开发建设，嘉定新城如今焕然一新，这片土地被赋予了全新的生机与活力。

嘉定新城是一座文化之城。历史是这座城的根脉和记忆，文化是这座城的文脉和灵魂，如果用历史的眼光来认识嘉定，有起始于南宋开禧年间、挺拔矗立的法华塔，有"吴中第一"美称、以"教化嘉定"美名誉满天下的孔庙，有亭台楼阁、小桥流水。嘉定以其古朴、素雅的独特风格，让人流连忘返。在文化传承方面，篾竹编制、古迹玉虹桥、涵春堂等被确认为市级非物质文化遗产保护名录。"教化嘉定"需要文化支撑，文化发展才能促进嘉定进步。无论是"沪上颜值最高的图书馆"——嘉定图书馆，还是"不关门的剧院"——保利大剧院，都体现了嘉定新城建设者们对文化推进的重视和坚持，它们像是散落在璧山各个角落的珍珠，温润着这座城。而嘉定举行的一系列文化活动，就像是流光溢彩的绚丽光晕，让这份美丽越发耀眼夺目。远香湖、保利大剧院、嘉定图书馆三景的完美契合，可以说是一场古与今的对话，呈现出一番古风新韵，更体现了教化嘉定的文化传承与创新精神。古今、中西文化的碰撞与融合在嘉定新城这座城市中完美呈现，传承与创新、包容与进取精神逐渐成为了嘉定新城的发展主基调，使这座城更加独具魅力。

作为未来嘉定全区的政治、经济、文化中心，上海郊区城市化发展以上海服务和联动长三角城市群的主要载体，嘉定新城秉承的是尊重文化、尊重历史、尊重自然的城镇化理念，让城市融入大自然，让居民见山望水，让大街小巷与青山绿水相互交融，景物自然秀美，历史文脉延续不断。作为拥有 800 年历史的古镇新城，嘉定必会以更坚定的步伐，在推进文化建设的道路上，提起一盏永不熄灭的明灯。

嘉定新城是一座生态之城。嘉定新城伫立在嘉定主城区的南部，成为了长三角地区纵横交错间的一颗新星。荷湖环绕，动静结合，宜居宜业，"舟行碧波上，人在画中游"，走近嘉定新城，犹如走进一幅江南水乡的水墨画卷。紫气东来公园、远香湖、石冈门塘、环城林带呈现出"千米一湖、百米一林、河湖相串、荷香满城"的生态景观系统，被称为新城"四大景观"。

嘉定新城的策划理念，是一朵绽放在国际汽车城的荷花，"出淤泥而不染，濯清涟而不妖"。把嘉定新城作为一朵荷花，隐喻新城的江南文化底蕴和现代高雅形象，体现了嘉定人把新城建设成为现代与历史的握手，时尚与古朴的对话，动感与静谧的交融，产业与城市联动的和谐自然成趣的愿景。荷花结构为"一轴、一心、四瓣、数点、几片"："一轴"的主题为"紫气东来"，即荷花之干，是联系F1赛车场和老城的中央轴线；"一心"的主题是"精彩嘉定"，是新城最高雅、最时尚之处，具体有远香湖、滨湖天地和临近湖边错落的几颗露珠等；"四瓣"是荷花之城的四朵花瓣，第一朵花瓣是古朴、繁华的老城，第二朵花瓣是活力繁华的南门，第三朵花瓣是水墨风情的浪漫，第四朵花瓣是体现大气腾飞的马陆新景；"数点"是散落在荷花上的露珠，是分布在横沥河两岸、连接新城与老城，尺度适当的建筑小品，体现嘉定文化品位和内涵。

远香湖，是嘉定区域内有统领作用的人工样板湖，也是"千米一湖"18湖规划中最大的一个。这里湿地柔美、湖面壮阔、森林茂盛，湖堤两侧水波荡漾。在这里散步，每走一步、每过一桥都别具风景。同时，以远香湖为核心，荷香潭、绿竹池等17个湖泊相串连，宛如一颗颗晶莹的珍珠镶嵌在新城之中，湖湖相串、湖中有湖、湖中有岛，满城景色一重又一重。眺望远香湖畔，矗立着形似万花筒的上海保利大剧院和极具江南风格的嘉定图书馆，这些建筑将古朴的风韵与现代气质完美融合。

紫气东来生态景观区域是连接上海国际赛车场"上"字赛道与"海"字型远香湖的中央景观轴线，包括生态森林公园、娱乐休闲公园、市民文化公园、商业公园以及滨湖文化公园五个部分。漫步于紫气东来景观带，仿佛置身于山水画中，各类树木与水系完美结合，勾勒出沁人的自然风景。徜徉其中的游人不仅能够欣赏自然美景，还能通过规划设计师匠心独具的设计，欣赏各种富有创意的人造景观和建筑小品。这里早已成为人们锻炼身体、饭后休闲散步的好去处，漫步于贯穿东西的矩形林带内，四周绿树成荫，令人心旷神怡。

嘉定新城是一座活力之城。活力是城市发展的源泉，城市只有充满元气、生机、活力，才能不断向上向好、高质量发展，为产业、宜居、幸福提供源源不断的动力。素有"人文之城、教化之乡"美誉的嘉定，人文赓续从不因循守旧。面对日新月异的时代发展，她主动对接、勇于引领，不断深化"稳中求进、进中求变、变中领先"的发展思路，全力补短板、破瓶颈、解难题，并加快产业转型，完善新城品质，保障民生福祉，着力打造上海郊区面向未来发展的"精致样板"。

汽车产业是嘉定新城的一张特色名片，上海国际赛车场是现代文明的象征，它为嘉定注入了新的活力，使嘉定这座教化之城焕发出了新的生机，中西文化的融合在嘉定新城得到完美的呈现，这体现了这座城市的包容与进取精神。上海国际赛车场占地总面积5.3万平方公里，由赛车场区、商业博览区、文化娱乐区和发展预留区等板块组成，以国际化、功能全、规模大、技术新的特点驰名中外。上海国际赛车场代表着速度与激情，世界一级方程式锦标赛每年都会在嘉定新城的F1上海赛车场精彩上演，上赛场的赛道既有利于大马力引擎的发挥，又具有挑战性，能够充分展现车手技术。

每逢周末，生活在此的人们，既可以去保留明清民居特色的州桥老街走走、逛逛曲径通幽的古漪园，也可以去保利大剧院看看国际知名的演出，去"上海颜值最高的图书馆"——嘉定图书馆品茗闻书香……所到之处无不将新与旧、传统与现代的结合体现得淋漓尽致，恰似百花齐放，蒸腾其无限的生机，让嘉定在建设"功能独立完善、创新创业创效、城乡一体发展、生态环境优美、社会文明有序、宜居宜业宜人"现代化新型城市的征途中释放无限活力。

嘉定新城是一座智慧之城。时光深处，风云涌动。一座城的气质，在于先天优势；一座城的品质，则在于后天努力。从科技卫星城到科创中心重要承载区，从国际汽车城到郊区新城，从长三角综合性节点城市再到现代化新型城市，嘉定新城不驰于空想、不骛于虚声，一步一个脚印，踏踏实实落在实践上。嘉定新城改革创新，创造了许许多多全国"第一"和世界之"最"。如今的嘉定新城由核心区域和若干功能小区组成，将新城的现代与老城的古文化历史元素有机结合，把嘉定新城建设成中高档居住区、新兴商业商务的集聚地，上海国际体育竞技、汽车文化和观光的配套服务地，上海体现国际化大都市现代化新城区的主要载体，上海服务和联动"长三角"城市群的区域中心城市。嘉定新城建设强调城市的创新性、独特性和辐射性，不仅服务和辐射上海国际汽车城、工业开发区和周边城镇，更推动了嘉定区产业、功能、形态一体化协调发展。

嘉定新城是一座包容之城。古今融汇，功能多样，厚积薄发。首先，嘉定新城是一座"动中有静、静中有动"的包容之城。F1赛车场是"动"的视觉殿堂，嘉定图书馆、保利大剧院则是"静"的文化殿堂，这一动一静的精神殿堂是嘉定新城文化建设飞跃发展的见证者。嘉定新城的飞速发展，折射出疁城历史的深厚人文魅力，彰显了"动静相宜""古老与现代交融"的城市气质。其次，嘉定新城是一座古今兼容、中外并蓄的包容之城。嘉定新城规划体现了当今世界最为先进的城市设计理念，并将其与千年古镇嘉定固有的东方城镇的古韵结合，在城市风貌上呈现极富江南水乡特色的"荷花"造型，展现中通外直的形象，与嘉定人民刚正的气节相吻合，体现了嘉定新城将建设成为现代与历史握手、时尚与古朴对话的和谐自然城区。嘉定新城作为老城中新鲜的血液，是一座规划合理、地理文化独特、互联网飞跃发展、产业门类齐全、功能定位超前、各类资源集聚、空间布局合理、配套设施完善、适宜人居环境现代化文明的城市。再者，嘉定新城是一座经济与生态共发展的包容之城。漫步新城，不难发现，触目所及的景致，于无声处传递着对传统老城生活方式的敬意。"千米一湖、百米一林、河湖相串、荷香满城"不仅是嘉定的新景观,也让习惯与江南水乡生活的人们在这里找到熟悉的环境。嘉定新城里到处都是风景,荷叶摇动的远香湖、鸟儿栖息展翅的紫气东来、花香四溢的石冈门塘、绿波阵阵的环城林带,诠释着速度与激情的F1赛车场……,处处彰显着嘉定新城海纳百川的广阔胸怀。以现代服务业、世界级体育休闲产业和高科技产业为核心,具有独特人文魅力和城市特色、强大的集聚力和持续的创新力的嘉定新城,保持着与自然和谐共生的城市环境,营造出生态化的生产、生活空间,实现可持续发展。

城,所以盛民也。800年的沧桑,嘉定一直在塑造卓越的自我。嘉定老城具有浓厚的文化底蕴,有忠贞不屈的爱国精神,孜孜不倦的求知精神,脚踏实地的拼搏精神,凝聚成了今天嘉定独有的气质和气度。嘉定新城建在古疁老城的南部地区,她就像是老城身边孕育的一朵绽放的荷花。未来的嘉定新城,定会让文化充分地"活起来",与百姓生活对接、与时代精神共鸣,将生态理念、人文历史、功能设施融为一体,让传统文化与现代繁华交融一体,将嘉定新城建设为创新活力充沛、融合发展充分、人文魅力充足的现代化新型城市。

一座城有一座城的品格,一座城的品格,远看是传统,近看是生活。而嘉定绵延800年的崇礼重教传统,既是一种昭示于孔庙"仰高""兴贤""育才"牌坊之上的信念、信仰,更是镌刻在所有嘉定人心中的文化自觉的精神。疁城里的人们无论是在书香氤氲的图书馆还是在纵享速度与激情的赛车场,无论是漫步于古老的法华塔内,还是奔跑于酷炫与智慧并存的远香湖畔，都能从不同视角去感知这座城的文化脉动。

800年风雨沧桑，这里曾经是小桥流水人家，弥漫着日出江花红胜火的江南古韵，这里也历经风雨动乱，战火连连，上演了惊涛拍岸、浴火重生的传奇。如今，嘉定新城是未来嘉定全区的政治、经济、文化、科创中心，是上海郊区城市化发展的主要载体，也是上海服务和联动长三角城市群的主要载体，是规划理念创新、各类资源集聚、空间布局合理、配套设施完善、适宜人居环境，具有一定辐射功能的上海郊区现代化新城。

遥看嘉定新城，与上海市区的摩登不同，她因地制宜地展现出她的生机、细腻，一草一木，一湖一水，一城一景，科学地保留了她的自然、古朴、写实，为嘉定人民规划了一个人与自然相互依存的美好家园，开创了一个宜业宜居宜游宜养宜学的崭新时代。

这就是幽雅的嘉定新城，一座柔情似水、浓意如韵的文化之城；这就是繁华的嘉定新城，一座充满竞争、汇聚品牌的活力之城。这就是嘉定新城规划与发展的靓丽轨迹，这也是中国同类新城发展可资借鉴的城市魅力。

嘉定，这座古迹新景交相辉映的城市，这座深厚底蕴里透露出勃勃生机的城市，向我们展示出越来越浓厚的魅力。嘉定新城，未来可期！

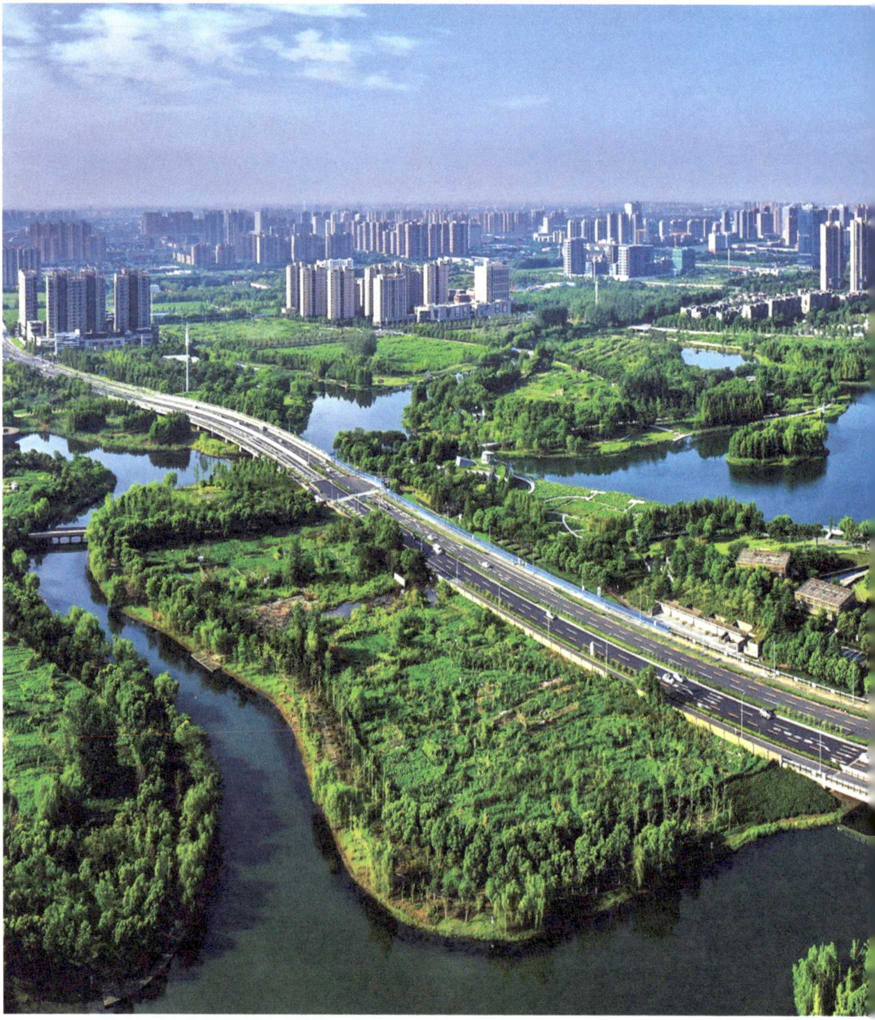

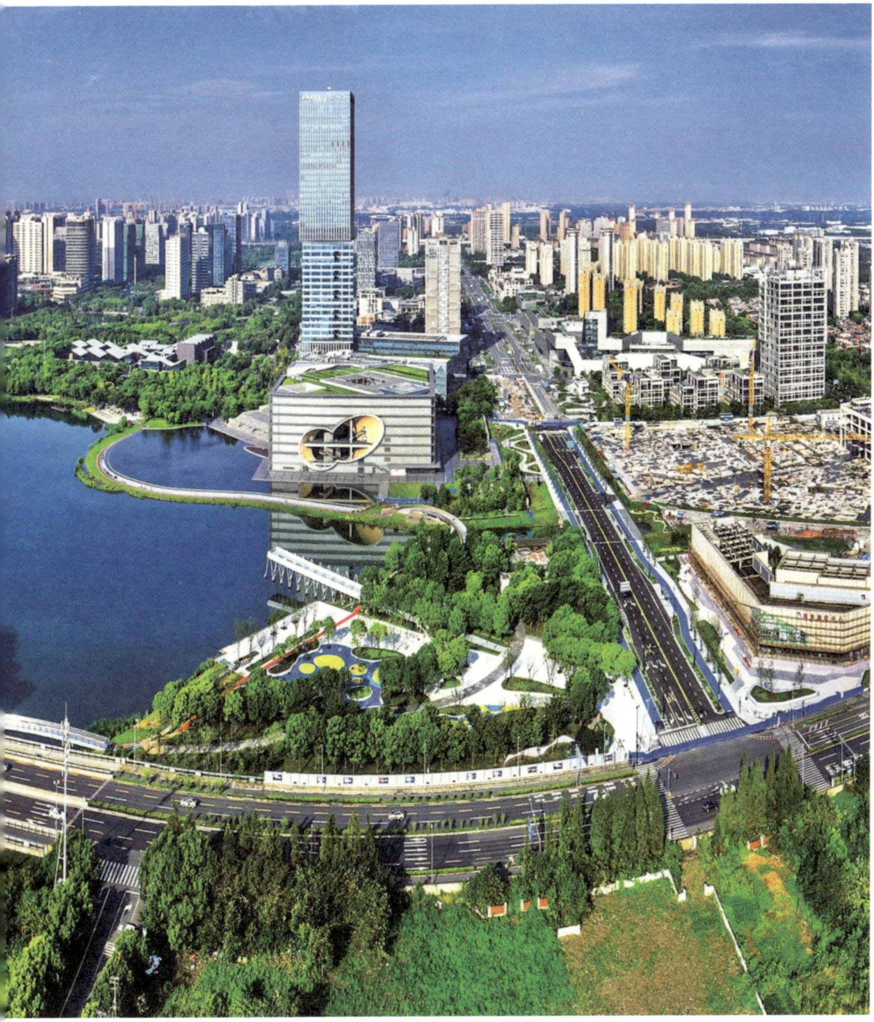

致谢

在本书的编辑出版过程中,由上海市嘉定区文联摄影工作委员会、上海市嘉定区文化馆、上海市嘉定区地方志办公室、上海市地方志办公室、上海通志馆和何方、王培元、周剑峰、李建荣、孙剑芳、郭长耀、林晓桦、周力、张建华等单位和个人提供图片支持。因图片来源广泛,有些作者未能及时联系,如有遗漏,请联系学林出版社,即付稿酬。

谨向以上单位和个人表示谢忱。

图书在版编目(CIP)数据

走进嘉定/刘效红编著.—上海:学林出版社,
2022
(上海地情普及系列丛书.服务"五个新城"建设)
ISBN 978-7-5486-1855-3

Ⅰ.①走… Ⅱ.①刘… Ⅲ.①嘉定区-概况 Ⅳ.
①K925.13
中国版本图书馆 CIP 数据核字(2022)第 161676 号

责任编辑 吴耀根　王思媛
装帧设计 肖晋兴

上海地情普及系列丛书·服务"五个新城"建设

走进嘉定

上海市地方志办公室　主编
上海通志馆　承编
刘效红　编著

出　版	学林出版社	
	(201101　上海市闵行区号景路 159 弄 C 座)	
发　行	上海人民出版社发行中心	
	(201101　上海市闵行区号景路 159 弄 C 座)	
印　刷	上海丽佳制版印刷有限公司	
开　本	890×1240　1/32	
印　张	5.5	
字　数	12 万	
版　次	2022 年 9 月第 1 版	
印　次	2022 年 9 月第 1 次印刷	
ISBN 978-7-5486-1855-3/G·693		
定　价	58.00 元	